Il commercio di beni contraffatti e l'economia Italiana

TUTELARE LA PROPRIETÀ INTELLETTUALE DELL'ITALIA

Il presente documento, così come tutti i dati e tutte le mappe geografiche che esso comprende, non pregiudica lo status o la sovranità su ogni territorio, con riferimento alla delimitazione delle frontiere e dei confini internazionali e alla denominazione di ogni territorio, città o area.

Si prega di citare sempre la presente pubblicazione come riportato qui sotto:
OECD (2018), *Il commercio di beni contraffatti e l'economia Italiana: Tutelare la proprietà intellettuale dell'Italia*, OECD Publishing, Paris.
http://dx.doi.org/10.1787/9789264302655-it

ISBN 978-92-64-30264-8 (stampato)
ISBN 978-92-64-30265-5 (PDF)

I dati concernenti Israele sono forniti dalle autorità israeliane competenti e sotto la responsabilità delle stesse. L'uso di tali dati dal'OCSE è senza pregiudizio per lo statuto delle Alture del Golan, di Gerusalemme Est e delle colonie di popolamento israeliane in Cisgiordania ai sensi del diritto internazionale.

Titolo originale:
La traduzione è stata curata dalla Sezione linguistica italiana dell'OCSE e rivista dal Ministero dell'Economia e delle Finanze – Dipartimento delle Finanze (Direzione Relazioni Internazionali).

Illustrazione: Copertina © Jeffrey Fisher.

Gli errata corrige delle pubblicazioni OCSE possono essere consultati sul sito: *www.oecd.org/about/publishing/corrigenda.htm*.

Prefazione

L'economia italiana è innovativa, basata sulle conoscenze e globalizzata. In Italia vi sono numerose industrie che producono prodotti di alta qualità che sono molto apprezzati e richiesti in tutto il mondo. Queste caratteristiche sono i tratti distintivi di un'economia moderna e dinamica; tuttavia, esse rendono l'Italia vulnerabile ai rischi di contraffazione e pirateria a livello globale.

Per gestire efficacemente questi rischi occorrono maggiori informazioni sulla portata, l'entità e l'impatto degli stessi. Il presente studio fornisce una valutazione degli effetti del commercio di merci contraffatte per l'industria italiana, il governo e i consumatori a partire da due prospettive: in primo luogo, prende in esame la portata dei prodotti contraffatti e piratati introdotti illegalmente in Italia; in secondo luogo, esamina la portata e gli effetti del commercio globale di merci contraffatte che violano i diritti dei titolari di marchi italiani.

Siamo certi che la presente analisi contribuirà a fornire una migliore comprensione dei rischi che la contraffazione comporta per l'Italia e aiuterà i decisori politici a formulare soluzioni efficaci per combattere questa piaga.

Loredana Gulino
Direzione Generale per la Lotta alla Contraffazione – Ufficio Italiano Brevetti e Marchi
Ministro dello Sviluppo Economico

Marcos Bonturi
Direttore,
OCSE, Direzione per la Governance pubblica

Premessa

L'Italia produce prodotti di alta qualità e ottiene significativi vantaggi dalla Proprietà Intellettuale e dai marchi italiani. È inoltre ben integrata all'interno dell'economia globale grazie alla sua partecipazione attiva nelle catene globali del valore. Ciò la rende particolarmente suscettibile agli effetti dannosi della contraffazione e della pirateria.

Negli ultimi anni, il rischio legato alla commercializzazione di prodotti contraffatti è aumentato. Il fenomeno, oltre a costituire una notevole minaccia per la crescita economica, indebolisce la governance, il sistema legale e la fiducia dei cittadini nei confronti dello Stato. Come emerso dal recente studio dell'OCSE (*Trade in Counterfeit and Pirated Goods: Mapping the Economic Impact* e *Mapping the Real Routes of Trade in Fake Goods)*, nel 2013 il commercio di beni contraffatti e piratati ammontava a oltre il 2,5% del commercio mondiale e costituiva una quota addirittura superiore (5%) di importazioni nell'UE. Le parti dedite al commercio di prodotti contraffatti sono ben organizzate e spediscono le merci attraverso rotte molto complesse che rappresentano una difficile sfida per le autorità di contrasto.

Il commercio di prodotti contraffatti danneggia i titolari di diritti italiani, il governo italiano e i consumatori italiani. Questa analisi misura gli effetti economici diretti della contraffazione sui consumatori, sul commercio al dettaglio, sull'industria manifatturiera e sul governo. Lo studio valuta sia l'impatto delle importazioni di prodotti contraffatti in Italia sia l'impatto del commercio globale di prodotti contraffatti sui titolari di Diritti di Proprietà Intellettuale italiani.

Lo studio è stato elaborato dalla Taskforce per il contrasto del traffico illecito dell'OCSE. La Taskforce fa parte del Forum di Alto livello sul Rischio dell'OCSE, impegnato in attività di ricerca basate su riscontri obiettivi e su analisi dei dati avanzate allo scopo di supportare i policy maker a mappare e a comprendere le vulnerabilità del mercato generate dal commercio illegale. La presente analisi è la prima di una serie di case study elaborati a livello regionale e nazionale non soltanto per valutare la portata e le dimensioni del commercio di prodotti contraffatti, ma anche per quantificare gli impatti economici negativi a livello regionale.

L'analisi è stata elaborata da Piotr Stryszowski, economista senior, e Florence Mouradian, economista presso la Direzione per la Governance Pubblica e lo Sviluppo territoriale dell'OCSE, sotto la supervisione di Stéphane Jacobzone, consulente OCSE.

Gli autori ringraziano Francesca Cappiello e Paola Riccio del Ministero dello Sviluppo Economico per la collaborazione e le utili informazioni fornite.

Gli autori ringraziano anche i partecipanti di numerosi seminari e workshop per il prezioso supporto fornito. Un apprezzamento particolare va a Edoardo Mazzilli dell'Agenzia delle Dogane e dei Monopoli, a Claudio Bergonzi di Indicam, e ad Alessandro Farris e Stefano Orsini di Luxottica.

Il Segretariato dell'OCSE desidera ringraziare Liv Gaunt, Randy Holden e Andrea Uhrhammer per il loro supporto editoriale e di produzione.

L'analisi quantitativa riportata in questo studio si basa sulla banca dati delle dogane fornita dall'Organizzazione Mondiale delle Dogane (OMD). Le informazioni sono state integrate con dati regionali inviati dalla Direzione Generale della Fiscalità e dell'Unione Doganale della Commissione Europea, dall'US Customs and Border Protection Agency (ente statunitense preposto alle dogane e alla protezione delle frontiere) e dall'US Immigration and Customs Enforcement (agenzia federale statunitense responsabile del controllo della sicurezza delle frontiere e dell'immigrazione). Inoltre, alcune informazioni statistiche sono state desunte dal patrimonio informativo della banca dati IPERICO sui sequestri compiuti in Italia, fornito dal Ministero dello Sviluppo Economico. Gli autori esprimono la loro gratitudine per la trasmissione di tali dati e per il prezioso contributo fornito da queste istituzioni.

Indice

Acronimi e abbreviazioni

BEPS	Base Erosion and Profit Shifting programme (OCSE)
CbC	Country-by-country (reportistica Paese per Paese)
CEN	Customs Enforcement Network
DGLC-UIBM	Direzione Generale per la Lotta alla Contraffazione - Ufficio Italiano Brevetti e Marchi
EUIPO	Ufficio dell'Unione europea per la proprietà intellettuale
GTRIC-e	Indice generale di contraffazione e pirateria rapportato al commercio delle economie nazionali
GTRIC-p	Indice generale di contraffazione e pirateria rapportato ai prodotti ICT
IMPACT	Taskforce internazionale contro la contraffazione dei prodotti medicali
INPS	Istituto Nazionale per la Previdenza Sociale
IPERICO	Database integrato sulle attività di contrasto alla contraffazione
IRES	Imposta sul reddito delle società
IRPEF	Imposta sul reddito delle persone fisiche
IVA	Imposta sul valore aggiunto
mn	Milione/i
n.c.a.	Non classificato altrove
NACE	Nomenclature statistique des activités économiques dans la Communauté européenne (Classificazione statistica delle attività economiche all'interno della Comunità Europea)
OLAF	Office européen de lutte antifraude (Ufficio europeo per la lotta antifrode)
OMD	Organizzazione Mondiale delle Dogane
OMS	Organizzazione Mondiale della Sanità
PI	Proprietà Intellettuale
R&S	Ricerca e Sviluppo
RAS	Sistema di Allarme Rapido

[illegible]

[illegible]	[illegible]
INPS	Istituto Nazionale per la Previdenza Sociale
[illegible]	Database integrato sulle [illegible]
IRES	Imposta sul reddito delle società
IRPEF	Imposta sul reddito delle persone fisiche
IVA	Imposta sul valore aggiunto
mln	Milioni
[illegible]	[illegible]
[illegible]	[illegible]
OCSE	[illegible]
[illegible]	[illegible]
OMS	Organizzazione Mondiale della Sanità
[illegible]	[illegible]
[illegible]	[illegible]
[illegible]	[illegible]

Sintesi

Il commercio di prodotti contraffatti è un problema socio-economico su scala mondiale e di lunga data, che sta crescendo in termini di dimensioni e portata mettendo alla prova l'efficacia dei sistemi di governance, la produttività delle aziende e il benessere dei consumatori, in quanto diventa un'importante fonte di reddito per la criminalità organizzata.

Per i consumatori la contraffazione comporta rischi per la salute, la sicurezza e la privacy. Può ridurre inoltre il livello di soddisfazione dei clienti, soprattutto quando vengono acquistati inconsapevolmente prodotti contraffatti di scarsa qualità. Per i detentori di diritti ed i loro rivenditori autorizzati, la diffusione della contraffazione aumenta le perdite economiche, mentre le violazioni dei marchi commerciali diminuiscono costantemente il valore dei brand. Per i governi la contraffazione si traduce in una perdita di entrate erariali, in un incremento della disoccupazione e delle maggiori spese sostenute, sia per garantire la conformità alla normativa anticontraffazione, sia per rispondere alla minaccia alla sicurezza pubblica e alle distorsioni del mercato del lavoro.

La presente analisi presenta i risultati derivanti dal case study effettuato sull'Italia relativo al commercio di prodotti contraffatti e piratati. Essa esamina la dimensione del fenomeno in relazione ai prodotti contraffatti e piratati che vengono introdotti illegalmente in Italia, le conseguenze per i consumatori, l'industria e il governo italiano, nonché la portata e gli effetti del commercio mondiale di prodotti contraffatti che violano i diritti dei titolari di marchi italiani. Questa doppia analisi si basa principalmente su una valutazione quantitativa del commercio mondiale di prodotti contraffatti all'interno e all'esterno dell'economia italiana mediante l'impiego di un ampio database sui sequestri di prodotti contraffatti ottenuto da diverse fonti. I risultati dell'analisi potranno aiutare i decision maker del settore pubblico e del settore privato a comprendere meglio la natura e la portata del problema per l'economia italiana, e a definire risposte politiche adeguate, coerenti e suffragate da elementi concreti.

Risultati principali

- Le stime più attendibili indicano che nel 2013 il valore delle importazioni di prodotti contraffatti e piratati in Italia ammontava a ben 10,4 miliardi di euro, pari al 3% delle importazioni italiane di prodotti autentici.
- L'entità della contraffazione in Italia varia considerevolmente in base alle categorie merceologiche. In termini assoluti, i dispositivi ICT sono stati quelli maggiormente contraffatti, con un valore stimato di 2,3 miliardi di euro di prodotti falsi importati in Italia nel 2013. In termini relativi, gli articoli in pelle e le borse, i giocattoli e i giochi, e l'abbigliamento sono state le categorie maggiormente prese di mira dai contraffattori, incidendo rispettivamente per il 15,3%, il 14,3% e il 13,4% delle importazioni italiane per tali categorie.
- L'analisi mostra che circa la metà dei prodotti contraffatti e piratati importati in Italia nel 2013 è stata venduta a consumatori consapevoli di acquistare prodotti falsi, mentre la quota rimanente di acquirenti li ha acquistati inconsapevolmente.

La proporzione di articoli falsi acquistati consapevolmente in Italia varia molto in relazione al prodotto: si va dal 15% per i prodotti alimentari al 60% per gli orologi e i dispositivi ICT.

- I dati disponibili mostrano che il commercio mondiale di prodotti contraffatti e piratati che violano i marchi registrati italiani ha raggiunto ben 35,6 miliardi di euro nel 2013, pari al 4,9% delle vendite totali del settore manifatturiero italiano (nazionale + esportazioni).
- I settori in cui i Diritti di Proprietà Intellettuale italiani (DPI) sono stati maggiormente contraffatti, in termini di valore assoluto del commercio, sono i seguenti: (i) prodotti elettronici, apparecchiature elettriche e strumenti ottici; (ii) abbigliamento, calzature e prodotti in pelle; (iii) prodotti alimentari. In termini di percentuale degli scambi commerciali complessivi in una data categoria merceologica, le tipologie di prodotti italiani maggiormente contraffatte al mondo sono state le seguenti: abbigliamento, calzature, articoli in pelle; prodotti elettronici, elettrici e ottici; profumeria e cosmetici.
- I prodotti contraffatti e piratati che violano i DPI dei titolari italiani provengono principalmente da Turchia, Cina e Hong Kong (Cina).
- I risultati indicano che tra il 2011 e il 2013 oltre metà dei prodotti scambiati nel mondo che hanno violato i DPI italiani è stata venduta sui mercati primari, ovvero i beni in questione sono stati venduti a consumatori inconsapevoli, convinti di acquistare prodotti autentici. Questa quota varia in base alla categoria merceologica, e va dal 32% per i gioielli e gli orologi all'85% per i prodotti alimentari.

Conseguenze per l'Italia

- Le stime relative al danno arrecato ai consumatori in Italia, vale a dire il costo da questi pagato ingiustamente nella convinzione di acquistare un prodotto autentico, per frodi sul mercato primario ammontano nel 2013 a quasi 2 miliardi di euro.
- Nel 2013, il volume totale di mancate vendite per i grossisti ed i dettaglianti italiani a causa di prodotti contraffatti e piratati introdotti illegalmente in Italia ammonta a 6,9 miliardi di euro. Tale cifra equivale al 2,7% delle vendite totali del commercio italiano all'ingrosso e al dettaglio nello stesso anno.
- Il volume totale delle mancate vendite per le aziende italiane a causa della violazione dei propri Diritti di Proprietà Intellettuale nell'ambito del commercio mondiale ammonta a 25,1 miliardi di euro, pari al 3,1% delle vendite totali registrate dalle stesse aziende nello stesso anno (nazionale + esportazioni).
- Il calo delle vendite riduce la domanda di manodopera. Nel 2013, i posti di lavoro inevitabilmente persi in Italia nel commercio all'ingrosso e al dettaglio a causa di importazioni di prodotti contraffatti e piratati sono stati più di 23.000, vale a dire oltre l'1,3% degli occupati in questo comparto. Il numero totale di posti di lavoro persi nelle imprese italiane per via della violazione globale di marchi registrati ammonta ad oltre 64.300 unità, pari al 2,4% degli addetti del settore manifatturiero in Italia.

- Complessivamente dunque la contraffazione e la pirateria hanno determinato la perdita di almeno 87.500 posti di lavoro, pari al 2%degli occupati a tempo pieno in Italia.
- Il calo delle vendite dovuto al mercato della contraffazione si traduce in Italia in minori introiti per il governo italiano derivanti dall'imposta sul valore aggiunto (IVA), dalle imposte sul reddito delle società (IRES), dalle imposte sul reddito delle persone fisiche (IRPEF) e dai contributi previdenziali.
- Nel 2013, il mancato gettito fiscale proveniente dal settore del commercio all'ingrosso e al dettaglio ha raggiunto i 3,7 miliardi di euro. Nello stesso anno le mancate entrate erariali per il governo italiano da parte dei titolari di diritti italiani è stato pari a 5,9 miliardi di euro.
- In totale il commercio di prodotti contraffatti e piratati ha portato a una diminuzione degli introiti per il governo italiano pari a quasi 10 miliardi di euro, cifra che equivale all'1% delle tasse riscosse su IVA, imposte sul reddito delle società e delle persone fisiche, oltre ai contributi previdenziali, e che è pari allo 0,6% del PIL italiano.

1. Valutazione delle dimensioni e dell'impatto della contraffazione e della pirateria

Il presente capitolo pone le basi metodologiche dello studioillustrando in una prospettiva sia quantitativa sia relativa l'importanza della Proprietà Intellettuale per l'economia italiana nonché gli ingenti danni causati dalla sua violazione. Prosegue poi introducendo due distinzioni: quella tra prodotti contraffatti introdotti illegalmente in Italia e violazioni dei DPI dei rispettivi titolari italiani e quella tra mercato primario e secondario per le merci contraffatte e piratate. Il capitolo si chiude identificando le sette categorie di effetti di questo commercio illegale, ognuna delle quali sarà esaminata in dettaglio nell'analisi successiva.

In tutto il mondo, la Proprietà Intellettuale (PI) rappresenta il motore della crescita economica, dell'occupazione ben retribuita, della competitività economica, dell'innovazione e della creatività. La PI costituisce l'incentivo a creare, investire e commercializzare nuove invenzioni, nuovi prodotti e servizi offrendo nel contempo supporto ad artisti e autori nella diffusione del proprio lavoro.

Accanto a questa storia estremamente positiva di crescita economica, ingegnosità e creatività tuttavia troviamo la storia decisamente meno edificante del furto di Proprietà Intellettuale e dei danni che esso causa. È essenziale comprendere le minacce poste dal fenomeno, sia a livello macro - in termini di portata globale e di dimensioni - sia a livello micro - la natura dei complessi piani utilizzati da soggetti criminali per realizzare il furto di Proprietà Intellettuale su scala commerciale. Senza questa comprensione e una chiara visione degli ostacoli a una tutela efficace dei Diritti di Proprietà Intellettuale, è di fatto impossibile definire ed attuare una strategia efficace per affrontare tali minacce.

L'intera economia italiana dipende da qualche forma di Proprietà Intellettuale, come hanno dimostrato alcuni recenti studi quantitativi OHIM (2013). Virtualmente ogni settore la produce o la utilizza. Ciò significa che l'economia italiana è caratterizzata da una densità di DPI ben superiore alla media europea. Nel 2010, i settori a elevata densità di DPI hanno contribuito per il 40,8% alla formazione del PIL italiano e per il 26,8% all'occupazione in Italia. Con riferimento ai soli marchi registrati, il Paese è al quarto posto in Europa per numero totale di marchi registrati nel corso di tale anno; i settori italiani a elevata densità di marchi registrati hanno contribuito per il 36,1% alla formazione del PIL italiano e per il 21,5% all'occupazione totale in Italia. L'importanza di questi settori dipende dal riconoscimento e dalla efficace protezione di una varietà di prodotti e beni immateriali frutto dell'intelletto umano.

Le industrie italiane ad alta intensità di DPI sono altamente globalizzate; ciò contribuisce a farne uno dei principali fattori trainanti della crescita economica del Paese. L'economia italiana è parte attiva delle catene globali del valore: nel 2009 le esportazioni del Paese hanno rappresentato il 3,8% delle esportazioni mondiali totali in termini di valore aggiunto, dato leggermente superiore alla quota italiana di esportazioni e importazioni lorde OCSE (2013). Numerosi settori italiani ad alta densità di DPI partecipano attivamente alle catene globali del valore grazie ale esportazioni in ambito manifatturiero, reperendo prodotti intermedi dall'estero. Tra questi si annoverano l'industria chimica, meccanica, il settore delle apparecchiature elettriche e del tessile.

L'alta densità di DPI e marchi e dell'economia italiana, unitamente al grado elevato di integrazione nell'economia mondiale, evidenzia i danni potenziali causati dalla contraffazione e dalla pirateria e richiede una solida analisi del fenomeno. Ciò è particolarmente rilevante quando le minacce derivanti dalla contraffazione e dalla pirateria[1] aumentano a livello mondiale OCSE/EUIPO (2016).

L'Italia è uno dei Paesi le cui aziende risentono maggiormente della contraffazione e pirateria a livello globale. Infatti secondo lo studio OCSE/EUIPO (2016), l'Italia è al secondo posto tra le economie i cui titolari di diritti sono maggiormente penalizzati dalla contraffazione, subito dopo gli Stati Uniti e prima di Francia, Svizzera, Giappone, Germania e Regno Unito (vedere la Figura 1.1).

Figura 1.1. Principali economie di origine dei titolari di Diritti di Proprietà Intellettuale violati, 2011-2013

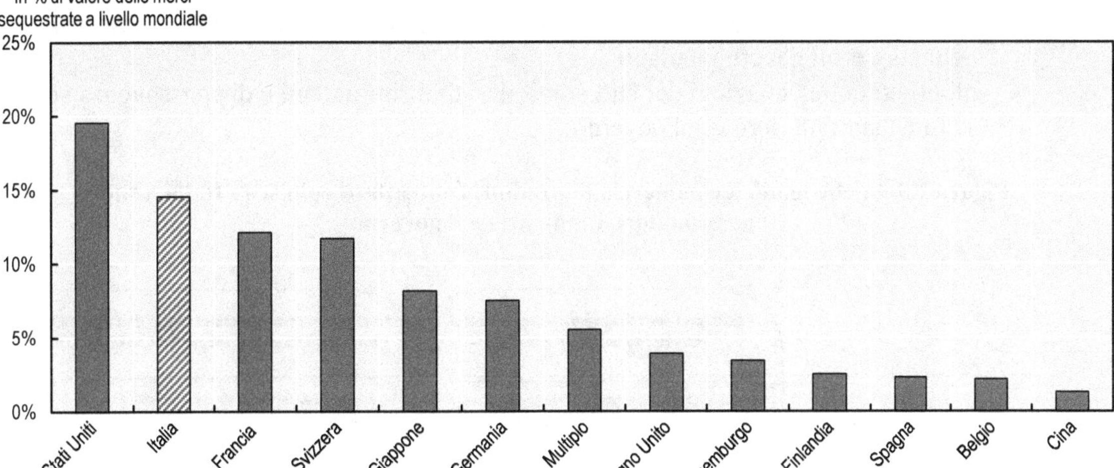

Nota: Il termine "multiplo" fa riferimento ai sequestri di prodotti che violano le norme sulla Proprietà Intellettuale per cui i titolari dei diritti sono registrati in più economie. I dati si basano sul valore dei sequestri globali in dogana di prodotti contraffatti e piratati dal 2011 al 2013.
Fonte: OCSE/EUIPO (2016).

Allo stesso tempo l'analisi dell'OCSE/EUIPO (2016) mostra che il 2,4% del valore totale di importazioni mondiali di prodotti contraffatti e piratati è stato spedito in Italia tra il 2011 e il 2013. Ciò pone l'Italia al settimo posto tra le economie di destinazione a livello mondiale di prodotti contraffatti e piratati (Figura 1.2).

Figura 1.2. Principali economie di destinazione dei prodotti contraffatti e piratati, 2011-2013

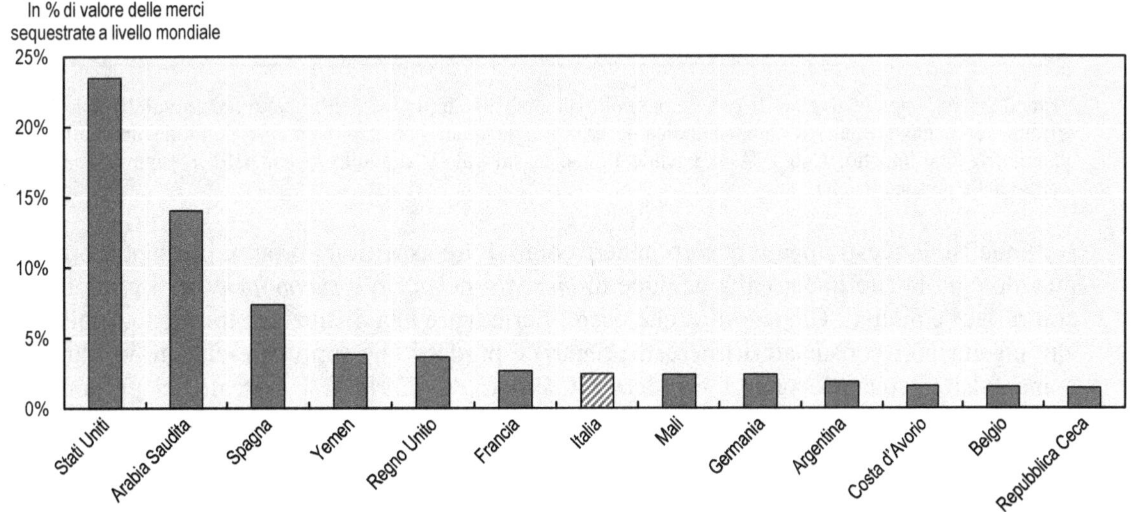

Nota: I dati si basano sul valore dei sequestri globali in dogana di prodotti contraffatti e piratati dal 2011 al 2013.
Fonte: OCSE/EUIPO (2016).

Gli effetti del commercio mondiale di prodotti contraffatti sull'economia italiana possono essere valutati secondo due prospettive (vedere la Figura 1.3):

- gli effetti dei prodotti contraffatti introdotti illegalmente in Italia sui consumatori, sull'industria compresi il settore manifatturiero, il commercio all'ingrosso e al dettaglio, e sul governo italiano
- gli effetti delle violazioni dei DPI sui titolari di diritti italiani e di conseguenza sul settore manifatturiero e sul governo.

Figura 1.3. In che modo il commercio di prodotti contraffatti colpisce l'Italia, i suoi consumatori, l'industria e il governo

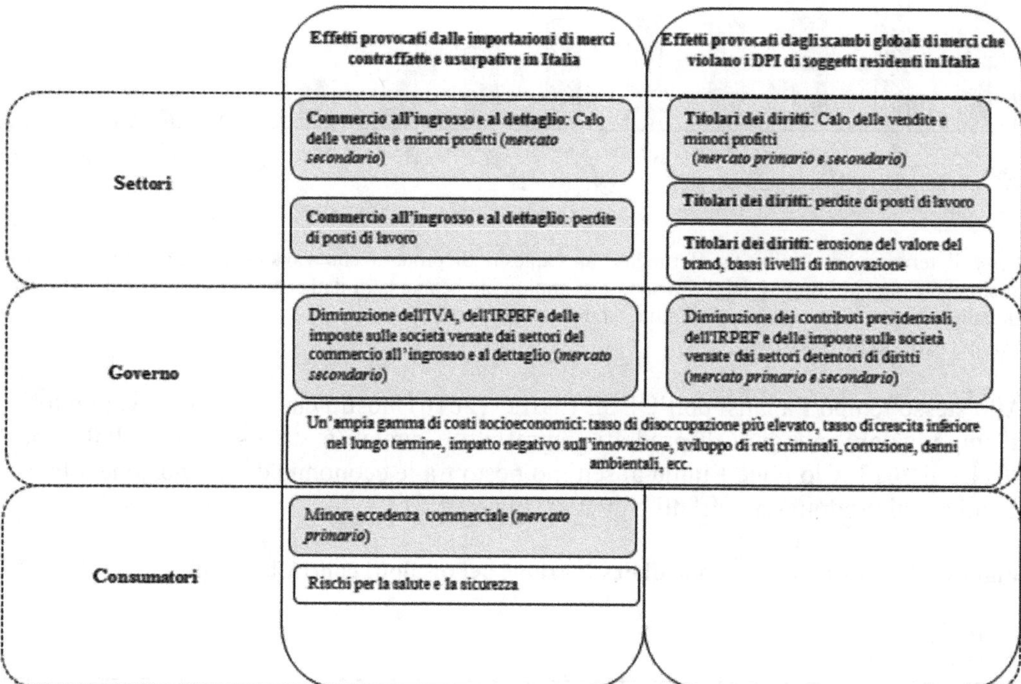

Nota: Il grigio indica le aree per le quali è possibile un'analisi quantitativa dell'impatto (con gradi diversi di solidità dei risultati finali). Il bianco indica le aree per le quali non è attualmente possibile un'analisi quantitativa dell'impatto. Con IVA si intende l'imposta sul valore aggiunto, e con IRPEF l'imposta sul reddito delle persone fisiche.

Nell'analisi di questi impatti occorre tenere conto di tre aspetti importanti. Innanzitutto la metodologia fa riferimento alla nozione di *mercato primario e secondario* per i prodotti contraffatti e piratati. Ciò significa che occorre effettuare una distinzione tra prodotti falsi che ingannano i consumatori (mercati primari) e prodotti che sono palesemente venduti come falsi (mercati secondari - vedere OCSE/EUIPO (2016)). I mercati dei prodotti ingannevoli e non ingannevoli hanno caratteristiche sostanzialmente diverse, differenze che presentano implicazioni importanti nella valutazione generale.

In secondo luogo, mentre nei mercati primari i consumatori pagano il prezzo pieno (o quasi) per l'acquisto al dettaglio di un prodotto contraffatto pensando che in realtà sia autentico, i consumatori che acquistano consapevolmente prodotti che violano i DPI nei mercati secondari probabilmente pagano un prezzo inferiore e, potendo scegliere, non sostituirebbero necessariamente i falsi con prodotti autentici. Ovviamente queste differenze nel prezzo e nei tassi di sostituzione hanno implicazioni diverse nella stima delle mancate vendite e del mancato gettito fiscale, e nella valutazione del danno al consumatore (il maggiore prezzo ingiustamente pagato dai consumatori inconsapevoli di aver acquistato un prodotto contraffatto).

In terzo luogo, vi sono altre aree di impatto difficilmente quantificabili o che emergono solo nel lungo termine, quindi escluse dall'analisi. Tra queste si annoverano gli effetti negativi della contraffazione e della pirateria per la salute e la sicurezza dei consumatori, per l'ambiente, per la proliferazione di reti criminali e per l'innovazione e la crescita a lungo termine.

Riassumendo sono sette le categorie di effetti quantificati nel presente studio, di cui quattro sono gli effetti dovuti all'introduzione illegale in Italia di prodotti contraffatti e piratati: 1) minor benessere dei consumatori; 2) calo delle vendite; 3) perdita di posti di lavoro nel commercio all'ingrosso e al dettaglio; 4) minore gettito fiscale. Queste quattro categorie sono descritte in dettaglio nel Capitolo 2.

I tre ambiti rimanenti, descritti nel Capitolo 3, sono effetti causati dal commercio mondiale di prodotti contraffatti e piratati che violano i DPI italiani. Essi sono: 5) diminuzione delle vendite per i titolari di DPI; 6) perdita di posti di lavoro per le industrie manifatturiere italiane; 7) minore gettito fiscale.

Il quadro metodologico sviluppato per calcolare tutti questi effetti, unitamente ai dati utilizzati, è presentato in dettaglio nell'Allegato A. Si noti che esso tiene conto del problema del "doppio conteggio", derivante dalle vendite di prodotti falsi in Italia che violano i DPI dei suoi stessi residenti.

Il Capitolo 4 riassume i principali risultati dell'analisi e fornisce spunti per le successive ricerche.

Riferimenti

OCSE (2013), *Global Value Chains (GVCs): Italia*, OECD Publishing, Parigi, http://www.oecd.org/sti/ind/GVCs%20-%20ITALY.pdf (consultato il 26 febbraio 2018).

OCSE/EUIPO (2016), *Trade in Counterfeit and Pirated Goods: Mapping the Economic Impact*, OECD Publishing, Parigi, http://dx.doi.org/10.1787/9789264252653-en.

OHIM (2013), *Impact of intellectual property rights intensive industries in the European Union*, Ufficio dell'Unione Europea per la Proprietà Intellettuale, https://oami.europa.eu/ohimportal/en/web/observatory/ip-contribution (consultato il 5 novembre 2017).

Nota

[1] Ai fini della presente analisi il termine "contraffatto e piratato" si riferisce a prodotti fisici che violano marchi registrati, copyright, brevetti o diritti di disegno.

2. La contraffazione in Italia

Il presente capitolo descrive nei tratti essenziali le vittime, il volume e le conseguenze economiche delle importazioni di prodotti contraffatti e piratati in Italia. Elenca le principali economie di provenienza dei prodotti sequestrati dalla dogana italiana e mette a confronto la possibilità per ogni Paese di essere fonte di merci contraffatte vendute in Italia. Descrive poi le tipologie di prodotti maggiormente oggetto di contraffazione e, adottando un nuovo metodo appositamente ideato, quantifica il grado di contraffazione per ciascuna di esse. Si passa poi a distinguere tra mercati primari e secondari e viene analizzato il fattore di "danno ai consumatori". Il capitolo si conclude con un'analisi degli effetti dannosi della contraffazione per l'economia italiana in termini di benessere dei consumatori, mancate vendite, perdita di posti di lavoro e mancato gettito fiscale per il governo.

2.1. Chi è interessato e in che modo?

In Italia le importazioni di prodotti contraffatti e piratati interessano principalmente:

- le imprese italiane del commercio all'ingrosso e al dettaglio
- il governo italiano
- i consumatori italiani.

Si potrebbe ribattere ovviamente dicendo che anche i titolari di Diritti di Proprietà Intellettuale ne risentono. Ad esempio, nei casi in cui un prodotto contraffatto introdotto illegalmente sul mercato italiano viola anche i Diritti di Proprietà Intellettuale italiani. Onde evitare doppi conteggi, questi casi sono presi in analisi nel Capitolo 3del presente Rapporto.

2.1.1. Imprese

I grossisti e i dettaglianti autorizzati italiani possono essere gravemente colpiti dall'introduzione illecita di prodotti contraffatti in Italia. Il danno viene principalmente dalle vendite di prodotti falsi sui mercati secondari, ovvero a consumatori che consapevolmente li acquistano. Questo a sua volta porta a minori livelli occupazionali in entrambi i settori.

D'altra parte alcuni settori possono in realtà beneficiare del fenomeno della contraffazione. I soggetti intermediari, come compagnie di navigazione e corrieri, possono ad esempio registrare una maggiore domanda dei loro servizi a causa del traffico di merci contraffatte.

La metodologia elaborata di seguito si concentra solo sulle perdite subite dal commercio all'ingrosso e al dettaglio a causa delle attività di pirateria e contraffazione. Non tiene conto dell'impatto positivo della produzione di merci contraffatte né dei potenziali utili che gli intermediari ricavano dal commercio di tali beni.

Al riguardo, le ragioni principali sono due. Innanzitutto si sa troppo poco sull'esatta natura delle attività di contraffazione per definire un quadro econometrico chiaro che possa quantificare gli eventuali impatti positivi. In secondo luogo, i soggetti che traggono vantaggi dalla contraffazione e dalla pirateria spesso operano in un ambiente economico illegale. I vantaggi derivanti quindi non contribuiscono al benessere sociale ma comportano una serie di esternalità negative quali il depotenziamento del sistema legale, la corruzione delle strutture di governance e la comparsa di reti criminali.

2.1.2. Governo

Per i governi, gli effetti principali del traffico di prodotti contraffatti sono rappresentati dal mancato gettito fiscale. Innanzitutto, i minori volumi di vendite e il calo dei profitti per grossisti e dettaglianti riducono direttamente le imposte sul reddito delle società. In secondo luogo, le vendite sui mercati secondari da parte di grossisti e dettaglianti tendenzialmente non vengono registrate; ciò porta a un minore gettito derivante dalle imposte sulle vendite e dall'IVA. Infine le perdite di posti di lavoro causate dalla contraffazione riducono le imposte sui salari, in particolare in termini di contributi previdenziali e di imposte sul reddito delle persone fisiche.

In una prospettiva di più lungo termine, il commercio di beni contraffatti può avere anche effetti socio-economici più generali e di più ampio raggio sui governi, ad esempio in ambiti quali commercio, innovazione e crescita, occupazione, ambiente e attività criminose. Tuttavia, a causa della mancanza di dati statistici sufficienti e uniformi riferiti alle diverse economie, la quantificazione di tali impatti non è possibile in questa fase (vedere il Riquadro 2.1).

Riquadro 2.1. Gli effetti a lungo termine della contraffazione e della pirateria

La presenza di prodotti contraffatti e piratati può avere profonde implicazioni a lungo termine. Per i diversi settori industriali, la continua disponibilità sul mercatodi prodotti contraffatti può danneggiare il valore di un marchio e l'immagine dei produttori di prodotti autentici. Ad esempio, i consumatori che acquistano articoli contraffatti ritenendo che siano autentici incolperanno il produttore del prodotto originale qualora il falso non soddisfi le loro attese, danneggiandone quindi la reputazione. Se i consumatori non si rendono conto di essere stati ingannati, potrebbero essere riluttanti ad acquistare altri prodotti da quel produttore e potrebbero comunicare la propria insoddisfazione ad altri potenziali acquirenti. Inoltre, i consumatori che acquistano il prodotto autentico potrebbero essere dissuasi dal farlo vista la disponibilità di una versione contraffatta. Dato che questi consumatori sono consapevoli del possibile inganno sul mercato primario, potrebbero adeguare le proprie attese riguardo ai consumi futuri.

Inoltre, la diminuzione dei profitti e delle entrate dovuta alla pirateria e alla contraffazione porta a sua volta a minori investimenti da parte dei titolari di diritti, compresi gli investimenti nelle attività di ricerca e sviluppo (R&S). Questo potrebbe tradursi in una minore innovazione, rallentando il progresso tecnologico e riducendo il tasso di crescita economica a più lungo termine.

2.1.3. Consumatori

Per i consumatori, il traffico di prodotti contraffatti può ridurre il valore o il grado di soddisfazione derivante dai prodotti in questione per le differenze con prodotti di prezzo analogo in termini di qualità e/o prestazioni. Tali differenze vengono tendenzialmente notate, ad esempio quando un consumatore acquista un prodotto contraffatto di bassa qualità sul mercato primario pensando di comprare un articolo originale di alta qualità.

Inoltre i prodotti contraffatti aumentano drasticamente i potenziali effetti negativi per la salute e la sicurezza dei consumatori. I contraffattori, che mirano al mercato primario, se da una parte hanno interesse a massimizzare i profitti, dall'altra sono poco interessati o non hanno alcun interesse a garantire la qualità, l'efficacia o la sicurezza dei prodotti. Ad ogni modo il controllo normativo della catena di fornitura di prodotti farmaceutici e apparecchiature medicali in Italia è efficiente ed, infatti, non è stato individuato alcun caso significativo di proliferazione di prodotti farmaceutici o apparecchiature medicali contraffatti nella catena di fornitura dei prodotti autentici. Inoltre, anche nell'eventualità di danni generati da tale commercio, essi non sono quantificabili in modo semplice e quindi non rientrano nell'ambito della presente analisi.

2.1.4. L'impatto complessivo

Vi sono quindi quattro aree di impatto del traffico di prodotti contraffatti in Italia che questo studio è in grado di quantificare con un livello relativamente alto di solidità:

1. mancate vendite per grossisti e dettaglianti;
2. perdita di posti di lavoro nel settore del commercio all'ingrosso e al dettaglio;

3. minore gettito fiscale;
4. calo del benessere dei consumatori.

I dati e il quadro metodologico elaborato per calcolare questi effetti sono presentati nell'Allegato A.1 e nell'Allegato A.2.

2.2. Il mercato dei prodotti contraffatti in Italia

Prima di calcolare le conseguenze economiche delle importazioni di prodotti contraffatti e piratati in Italia, è necessario quantificare il volume e la portata di tali importazioni nel Paese.

I seguenti paragrafi forniscono alcune statistiche descrittive sulla portata del mercato delle importazioni di prodotti contraffatti e piratati in Italia. Dato che il valore dei prodotti contraffatti e piratati sequestrati dalle autorità doganali probabilmente rappresenta solo una frazione del valore effettivo dei falsi introdotti illegalmente nel territorio, per fornire una stima ragionevole dell'intero valore questa sezione applica il metodo GTRIC (General Trade-Related Index of Counterfeiting) sviluppato all'interno dello studio OCSE/EUIPO (2016) e presentato in dettaglio nell'Allegato A.4.

2.2.1. Da dove provengono principalmente i prodotti contraffatti che entrano in Italia?

L'analisi dei dati sui sequestri effettuati dalle autorità doganali italiane mostra che i prodotti contraffatti importati in Italia tra il 2011 e il 2013 provenivano principalmente da Cina e Hong Kong (Cina), rappresentando rispettivamente circa il 50% e il 29% del valore totale sequestrato dalla dogana italiana (Figura 2.1). Seguono Grecia (6%), Singapore (4%) e Turchia (2%).

Figura 2.1. Principali economie di provenienza dei prodotti contraffatti sequestrati dalle autorità doganali italiane, 2011-2013

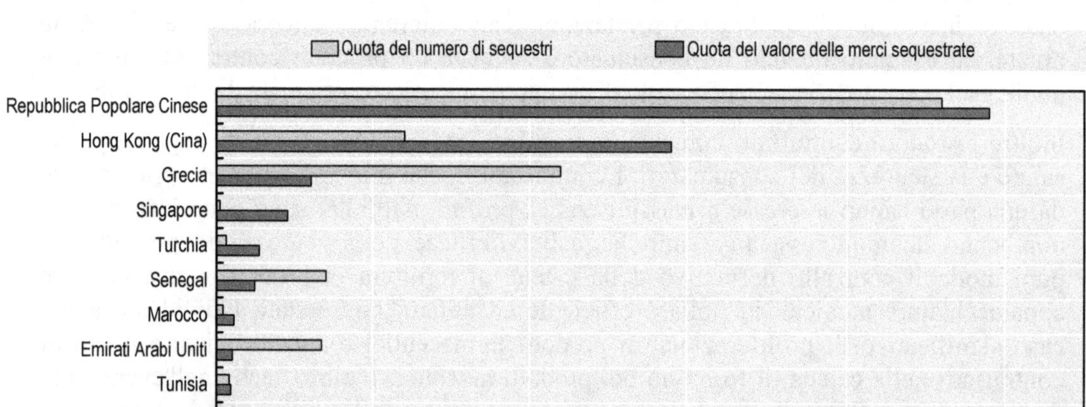

Per poter determinare la probabilità che ciascun economia di provenienza sia fonte di prodotti contraffatti venduti in Italia, i dati sui sequestri effettuati in dogana devono essere comparati con i dati sulle importazioni e sulle vendite italiane di prodotti autentici per ogni Paese. A tal fine è stato utilizzato l'indice GTRIC-e (General Trade-Related

Index of Counterfeiting for economies, Indice generale di contraffazione e pirateria rapportato al commercio delle economie nazionali) che compara l'entità dei sequestri di prodotti contraffatti spediti da una data economia di provenienza con la quota di tale economia di provenienza nelle importazioni italiane di prodotti autentici. L'indice GTRIC-e assegna un punteggio elevato a un'economia da cui proviene un alto valore di prodotti contraffatti in termini assoluti o quando una quota significativa di importazioni italiane provenienti da tale economia è contraffatta.

La Tabella 2.1 mostra le dieci principali economie da cui più verosimilmente provengono i prodotti contraffatti introdotti illegalmente in Italia per il periodo 2011-2013 (vedere la Tabella B.1 nell'Allegato B per un elenco completo). Chiaramente alcune di queste economie di provenienza, guidate in primis dalla Cina, sembrano essere le fonti principali di prodotti contraffatti destinati all'Italia.

Alcune di queste principali economie di provenienza di prodotti contraffatti e piratati spediti in Italia sono state identificate come principali nodi di transito nel mercato globale di merci false nel recente studio OCSE/EUIPO (2017). Tra queste vi sono Hong Kong (Cina), Singapore, Emirati Arabi Uniti o la Siria. Altre economie asiatiche minori che risultano essere importanti esportatori di merci false in Italia, sono piuttosto produttori diretti di tali prodotti contraffatti. Tra queste vi sono le Filippine, il Pakistan, la Malaysia e la Tailandia. Infine vi sono le economie del Nord Africa - come Tunisia e Marocco - e la Turchia, identificate anch'esse come principali economie di provenienza di prodotti contraffatti in Italia per la loro importanza come produttori di merci contraffatte e piratate o come nodi strategici di transito.

Tabella 2.1 indica che una quota significativa del commercio di prodotti contraffatti destinati all'Italia transita attraverso altri Paesi europei o dai Balcani, tra cui Grecia, Bulgaria, Germania, Slovenia, Albania e Malta. Ciò trova riscontro nelle interviste effettuate agli operatori delle autorità doganali italiane, i quali hanno precisato che molti prodotti contraffatti che arrivano in Italia transitano inizialmente in Europa attraverso porti dell'Europa occidentale e settentrionale. Tali beni contraffatti vengono poi trasportati su camion in Italia attraverso le vaste e ben articolate reti autostradali europee

Tabella 2.1. Le economie da cui più verosimilmente provengono i prodotti contraffatti e piratati importati in Italia

Valori GTRIC-e, media 2011-2013

Economia di provenienza	GTRIC-e
Repubblica Popolare Cinese	1,000
Hong Kong (Cina)	1,000
Senegal	1,000
Grecia	1,000
Emirati Arabi Uniti	0,959
Tunisia	0,864
Bulgaria	0,816
Slovenia	0,774
Marocco	0,762
Turchia	0,726
Singapore	0,663
Filippine	0,568
Pakistan	0,563
Germania	0,462
Perù	0,438
Siria	0,394
Tailandia	0,332
Albania	0,318
Malesia	0,289
Malta	0,278

Nota: Un punteggio GTRIC-e elevato indica che un'economia è molto incline a essere fonte di prodotti contraffatti venduti in Italia, in termini assoluti o come quota delle importazioni italiane. I risultati per tutte le economie di provenienza per gli anni 2011, 2012 e 2013 sono riportati nella Tabella B.1 dell'Allegato B.

Il transito intraeuropeo di prodotti contraffatti pone numerose sfide per le autorità doganali italiane. Secondo la normativa europea, le merci vengono sdoganate all'arrivo nell'UE anche se la loro destinazione finale è un altro Stato membro. Tuttavia i funzionari doganali presso i porti di arrivo diversi da quelli italiani potrebbero percepire il traffico di merci contraffatte destinate a un altro Stato membro come un rischio di priorità relativamente inferiore. Inoltre, i controlli effettuati dalle dogane italiane sui prodotti che entrano in Italia da altri Stati membri dell'UE via terra sarebbero estremamente costosi e complessi, e costituirebbero un grosso ostacolo per il commercio in generale.

Di conseguenza il rischio di intercettazione di prodotti contraffatti destinati all'Italia sembra essere inferiore se i contraffattori decidono di entrare nell'UE attraverso Stati membri diversi dall'Italia.

Nel corso delle interviste, le autorità doganali italiane hanno confermato il fenomeno:i controlli casuali sui trasporti provenienti da altri Paesi membri dell'UE eseguiti sporadicamente al tunnel del Monte Bianco che collega Italia e Francia hanno rivelato un grande volume di prodotti contraffatti destinati all'Italia, provenienti da Paesi extra-UE.

Tendenze analogamente allarmanti si osservano nel contesto delle piccole spedizioni postali o tramite corriere espresso. Secondo alcune interviste svolte presso le autorità italiane di contrasto, il volume dei prodotti contraffatti inviati tramite piccole spedizioni continua a crescere. Inoltre la maggioranza dei falsi spediti in colli di piccole dimensioni proviene da altri Paesi dell'UE e giunge tramite i maggiori hub aeroportuali dedicati alle piccole spedizioni come Leipzig (Germania), East Midlands (Regno Unito) e Liegi (Belgio).[1]

L'ultima tendenza interessante è la grande quantità di materiale per etichettatura e confezionamento che viola la Proprietà Intellettuale introdotto illegalmente in Italia (Riquadro 2.2).

Riquadro 2.2. Materiale per etichettatura e confezionamento che viola la Proprietà Intellettuale

L'analisi dei dati contenuti nel database dei sequestri e le interviste effettuate a funzionari delle autorità italiane di contrasto confermano la grande quantità di materiale per etichettatura e confezionamento che viola la Proprietà Intellettuale introdotto illegalmente in Italia.

Confezioni, etichette e loghi vengono spediti separatamente dai prodotti da contraffare; spesso tali prodotti vengono inviati senza alcun marchio di fabbrica. Poiché tali merci "senza nome" non violano nessun marchio di fabbrica (solo i diritti di disegno in alcuni casi), è molto più difficile per le autorità di contrasto individuarle e sequestrarle. L'etichettatura finale ha luogo in un secondo momento da qualche parte in Italia o in altri Stati membri dell'UE.

Questo approccio riduce fortemente il rischio per i contraffattori che i prodotti vengano intercettati e trattenuti; in questi casi l'intercettazione è limitata principalmente al sequestro delle confezioni e di materiale analogo. Questa nuova strategia da parte dei contraffattori conferma quanto rilevato in uno studio svolto da OHIM ed Europol (2015) sull'assemblaggio in territorio nazionale dei prodotti contraffatti e piratati utilizzando materiali importati.

2.2.2. Quali tipologie di prodotti sono maggiormente oggetto di contraffazione?

I dati disponibili sui sequestri in dogana di merci che violano i Diritti di Proprietà Intellettuale introdotte illegalmente in Italia possono essere impiegati anche per quantificare le tipologie di prodotti oggetto di violazione nel Paese. Si noti che nel 2013 una vasta gamma di categorie merceologiche è stata oggetto di contraffazione in Italia (vedere la Figura 2.2). Ciò significa che qualsiasi tipo di prodotto per il quale la Proprietà Intellettuale aggiunge un valore economico, e quindi crea differenziali di prezzo, può essere oggetto di interesse per i contraffattori e una potenziale minaccia per l'economia e la società italiana.

Mentre una vasta gamma di prodotti è sensibile alla violazione, l'intensità della contraffazione varia in modo significativo in base alle categorie merceologiche. Ciò trova riscontro nelle statistiche sui sequestri riportate nella Figura 2.2, i quali si concentrano su un numero relativamente limitato di categorie merceologiche come articoli in pelle e borse, dispositivi ICT, abbigliamento, orologi, gioielli e occhiali da sole.

Figura 2.2. Sequestri di merci contraffatte in Italia suddivisi per tipologia di prodotto, 2011-2013

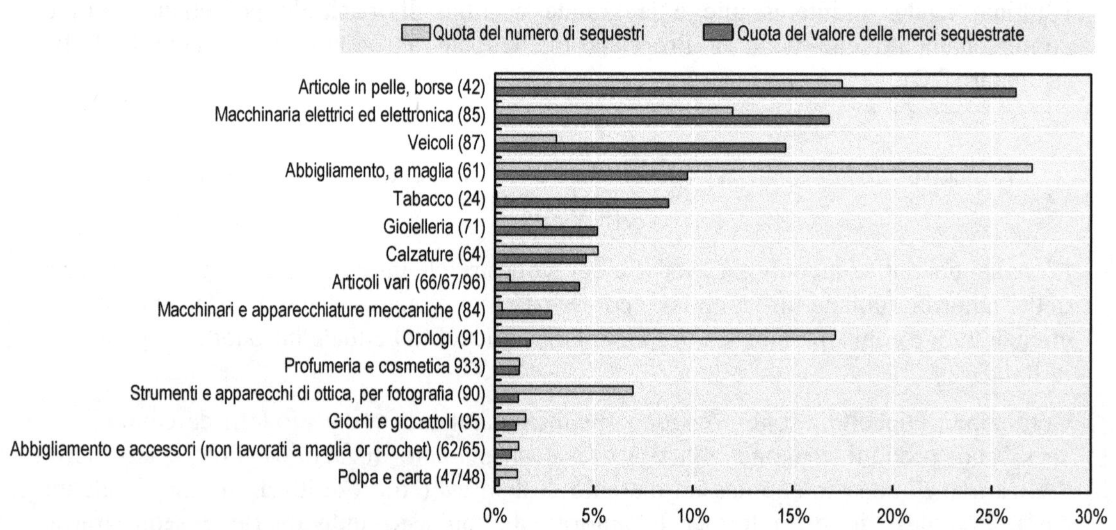

Nota: I numeri tra parentesi sono i codici del Sistema Armonizzato (SA) come definiti dalle Statistiche sugli scambi commerciali delle Nazioni Unite (UN Trade Statistics, 2017).

Una misura significativa della probabilità che le diverse tipologie di prodotti che violano i DPI siano vendute in Italia può essere ottenuta tramite l'indice GTRIC-p (Indice generale di contraffazione e pirateria rapportato alle categorie merceologiche). Come per l'indice GTRIC-e, la numerosità di sequestri per una data categoria merceologica viene comparata con la quota della stessa categoria merceologica nelle importazioni italiane di prodotti autentici. Il risultato è una classificazione di prodotti introdotti illegalmente in Italia in base alla probabilità che vengano contraffatti (vedere la Tabella B.2 nell'Allegato B per un elenco completo).

Tabella 2.2. Principali 25 categorie merceologiche in termini di probabilità di contraffazione

Punteggi GTRIC-p, media 2011-2013

Categoria merceologica (codici SA)	GTRIC-p
Orologi (91)	1,000
Articoli in pelle, borse (42)	1,000
Abbigliamento, a maglia (61)	1,000
Tabacco (24)	0,999
Articoli vari (66/67/96)	0,999
Giochi e giocattoli (95)	0,985
Calzature (64)	0,965
Profumeria e cosmetica (33)	0,904
Prodotti della stampa (49)	0,866
Strumenti e apparecchi di ottica, per fotografia e apparecchiature medicali (90)	0,857
Macchinari elettrici ed elettronica (85)	0,831
Veicoli (87)	0,513
Gioielleria (71)	0,483
Abbigliamento e accessori (non lavorati a maglia o crochet) (62/65)	0,436
Materie plastiche e lavori di tali materie (39)	0,374
Estratti per concia o per tinta (32)	0,368
Macchinari e apparecchiature meccaniche (84)	0,353
Polpa e carta (47/48)	0,330
Ferro e acciaio, e lavori in tali materie (72/73)	0,296
Prodotti farmaceutici (30)	0,264
Utensili e coltelleria in metallo comune (82)	0,239
Prodotti alimentari (02-21)	0,222
Gomma e lavori di gomma (40)	0,213
Vetro e prodotti in vetro (70)	0,181
Arredi (94)	0,178

Nota: Un punteggio GTRIC-p elevato indica una categoria merceologica maggiormente oggetto di contraffazione, ovvero avente elevato valore in euro nel caso di prodotti contraffatti, o un'ampia quota di vendite in Italia nella categoria merceologica contraffatta. I numeri tra parentesi sono i codici del Sistema Armonizzato (SA) come definiti dalle Statistiche sugli scambi commerciali delle Nazioni Unite (UN Trade Statistics, 2017). I valori sono pari a zero per le categorie SA non visualizzate in questa tabella.

2.2.3. A quanto ammonta il valore totale dei prodotti contraffatti venduti in Italia?

Le stime più attendibili - basate sui dati forniti dalle autorità doganali e sul metodo GTRIC - indicano che le importazioni di prodotti contraffatti e piratati in Italia hanno rappresentato ben 10,4 miliardi di euro nel 2013, che equivale al 3% delle importazioni italiane di prodotti autentici. Il termine "ben" è importante, poiché indica il limite massimo dei prodotti contraffatti e piratati importati in Italia. Inoltre, questo importo non tiene conto delle merci contraffatte e piratate prodotte e consumate sul territorio italiano né dei prodotti digitali piratati distribuiti tramite Internet.

L'analisi rivela inoltre che l'entità della contraffazione in Italia varia considerevolmente in base alle categorie merceologiche. In termini di settori con la quota maggiore di falsi importati, gli articoli in pelle e le borse si posizionano al primo posto. Il 15,3% delle merci importate in Italia in questa categoria sono prodotti falsi. A seguire troviamo giochi e giocattoli con il 14,3% (vedere la Tabella 2.3 per le 18 principali categorie del 2013 e l'Allegato B per i risultati completi in base alle categorie SA relativamente agli anni 2011, 2012, 2013).

Tabella 2.3. Principali categorie merceologiche oggetto di contraffazione nelle importazioni in Italia in termini relativi, 2013

In termini di quota all'interno della categoria merceologica

Categoria AS	Quota di importazioni di merci false
Articoli in pelle, borse (42)	15,3%
Giochi e giocattoli (95)	14,3%
Articoli vari (66/67/96); *compresi penne di lusso, gemelli, spille, accendini e ombrelli.*	13,4%
Abbigliamento, a maglia (61)	12,7%
Calzature (64)	10,8%
Orologi (91)	9,8%
Prodotti della stampa (49); *comprese scatole e confezioni false destinate all'assemblaggio in territorio nazionale.*	9,6%
Macchinari elettrici ed elettronica (85); *compresa una vasta gamma di dispositivi ICT.*	9,3%
Strumenti e apparecchi di ottica, per fotografia e apparecchiature medicali (90); *compresi occhiali da sole*	9,0%
Tabacco (24)	7,7%
Profumeria e cosmetica (33)	5,8%
Abbigliamento e accessori (non lavorati a maglia o crochet) (62/65)	5,8%
Veicoli (87); compresi ricambi e accessori auto	4,2%
Gioielleria (71)	3,6%
Macchinari e apparecchiature meccaniche (84); *compresi computer, tablet, macchine utensili ed elettrodomestici.*	3,5%
Estratti per concia o per tinta (32); *comprese cartucce per toner.*	3,5%
Materie plastiche e lavori di tali materie (39); *comprese false confezioni in plastica destinate all'assemblaggio in territorio nazionale.*	3,1%
Utensili e oggetti di coltelleria in metallo comune (82); *compresi utensili manuali, piccola coltelleria da cucina, lame per rasoio.*	2,4%
Altri articoli in tessuto (63); *compresi tappeti, coperte, cuscini.*	2,2%

Nota: I numeri tra parentesi sono i codici del Sistema Armonizzato (SA) come definiti dalle Statistiche sugli scambi commerciali delle Nazioni Unite (UN Trade Statistics, 2017).

In termini assoluti i dispositivi ICT (componenti elettrici ed elettronici) sono stati quelli maggiormente contraffatti, con prodotti falsi importati in Italia per un valore stimato di 2,3 miliardi di euro. Questa categoria comprende una vasta gamma di dispositivi come telefoni cellulari, lettori DVD, cuffie, auricolari, microfoni, batterie. ecc. Seguono macchinari e apparecchiature meccaniche contraffatti (ad es. computer, tablet, elettrodomestici, aspirapolvere), per i quali il valore dei prodotti falsi importati ammonta a circa 1 miliardo di euro (vedere la Tabella 2.4 per le categorie principali e la Tabella B.3 nell'Allegato B per i risultati completi in base alle categorie SA relativamente agli anni 2011, 2012, 2013).

Va evidenziato che questi risultati sono in linea con gli esiti di altre ricerche e statistiche sull'argomento. In generale, in altri mercati è stato rilevato un cambiamento globale nei prodotti che vengono contraffatti, dai beni di consumo di lusso a qualsiasi categoria merceologica per cui la Proprietà Intellettuale offra margini di profitto. Ne è un esempio il settore ICT che di recente è stato particolarmente preso di mira. Ciò trova conferma in numerose pubblicazioni dell'OCSE (OCSE, 2017), EUIPO-ITU (EUIPO/ITU, 2017) o anche nella prossima pubblicazione del Centro comune di ricerca della Commissione Europea e del Politecnico di Milano (Thumm e al. 2018).

Tabella 2.4. Principali categorie merceologiche oggetto di contraffazione nelle importazioni in Italia in termini assoluti, 2013

Categoria AS	Valore in milioni di euro
Macchinari elettrici ed elettronica (85); compresa una vasta gamma di dispositivi ICT.	2.263
Macchinari e apparecchiature meccaniche (84); compresi computer, tablet, macchine utensili.	1.076
Veicoli (87); compresi ricambi e accessori auto.	1.023
Strumenti e apparecchi di ottica, per fotografia e apparecchiature medicali (90); *compresi occhiali da sole*	781
Abbigliamento, a maglia (61)	725
Calzature (64)	495
Prodotti alimentari (02-21)	481
Materie plastiche e lavori di tali materie (39); comprese false confezioni in plastica destinate all'assemblaggio in territorio nazionale.	476
Ferro, acciaio e lavori in tali materie (72/73); compresi utensili da cucina, pentole, chiavi, sanitari, cucine a gas.	392
Articoli in pelle, borse (42)	352
Abbigliamento e accessori (non lavorati a maglia o crochet) (62/65)	328
Prodotti farmaceutici (30); compresi farmaci "lifestyle".	297
Gioielleria (71)	283
Giochi e giocattoli (95)	247
Tabacco (24)	158
Profumeria e cosmetica (33)	134
Orologi (91)	128
Articoli vari (66/67/96); compresi penne di lusso, gemelli, spille, accendini e ombrelli.	126

Nota: I numeri tra parentesi sono i codici del Sistema Armonizzato (SA) come definiti dalle Statistiche sugli scambi commerciali delle Nazioni Unite (UN Trade Statistics, 2017).

2.3. I mercati primari e secondari dei prodotti contraffatti venduti in Italia

Due domande sono essenziali nella valutazione dell'impatto economico dei prodotti contraffatti introdotti illegalmente in Italia per il settore del commercio all'ingrosso e al dettaglio, per i consumatori e per il governo. La prima domanda è: quale è la proporzione tra prodotti contraffatti venduti sul mercato primario e quelli venduti sul mercato secondario in Italia? La seconda è: all'interno dei mercati secondari, qual è il tasso con il quale ogni acquisto di merci contraffatte da parte dei consumatori italiani sostituisce un acquisto di prodotti autentici?

La distinzione tra mercati primari e secondari precedentemente descritta è fondamentale. Ogni articolo falso venduto sul mercato primario rappresenta chiaramente una perdita diretta per il commercio all'ingrosso e al dettaglio. Nei mercati secondari tuttavia, solo una parte di consumatori avrebbe deliberatamente i propri acquisti di prodotti contraffatti con gli equivalenti autentici. Questo perché nei mercati secondari i consumatori sono consapevoli che i prodotti che si accingono ad acquistare sonofalsi e decidono di procedere con l'acquisto per una serie di possibili motivi (vedere il Riquadro 2.3). Il problema fondamentale quindi è come calcolare il tasso di sostituzione dei consumatori, ovvero in quale misura ogni acquisto illegale sostituisce una vendita legale.

Riquadro 2.3. Perché le persone acquistano consapevolmente prodotti contraffatti?

Nella letteratura scientifica sono stati identificati diverse motivazioni per le quali i consumatori acquistano i falsi. Innanzitutto, se il prodotto originale è difficile da reperire, ciò accresce fortemente la percezione del suo valore. Inoltre, la propensione dei consumatori ad acquistare un prodotto contraffatto sembra aumentare se è possibile valutare la qualità prima dell'acquisto e diminuire in caso contrario. Anche la situazione contestuale all'acquisto determina le intenzioni di acquisto. Lo stato d'animo è un fattore situazionale che spiega perché alcune persone sono maggiormente disposte ad acquistare prodotti contraffatti nonostante sia un'azione illegale o perchè dopo l'acquisto sono insoddisfatte del prodotto per la sua scarsa qualità. Una recente ricerca psicologica illustra una serie di altri motivi, quali ad esempio "il brivido della caccia" dato che ciò che è contraffatto è collegato a una "società segreta", e un autentico interesse. Gli acquirenti d prodotti contraffatti inoltre cercano di legittimare e giustificare il proprio comportamento.

Fonti: Bian, Haque and Smith (2015); Bian et al. (2016); Eisend and Schuchert-Güler (2006)

La metodologia impiegata per calcolare la quota di mercato primario e secondario in Italia viene presentato al Punto 2 dell'Allegato A.2, mentre la Tabella 2.5 di seguito riportata identifica il mercato secondario e, conseguentemente, primario di prodotti contraffatti venduti in Italia per ciascun settore. Si evince che il 51,1% dei prodotti contraffatti e piratati importati e venduti in Italia nel 2013 è stato venduto a consumatori consapevoli di acquistare articoli falsi, mentre la quota rimanente non ne era a conoscenza. La percentuale di prodotti contraffatti destinati ai mercati secondari varia molto a seconda del settore: si va dal 15% per i prodotti alimentari al 60% per gli orologi, i gioielli e i dispositivi ICT.

Tabella 2.5. Quota dei mercati secondari per i prodotti contraffatti in Italia, 2013

Settore	Quota mercati secondari
Alimenti, bevande e tabacco	15,35%
Prodotti chimici e correlati a eccezione di prodotti farmaceutici, profumi e cosmetici	23,33%
Prodotti chimici per uso medico e farmaceutico	28,57%
Profumeria e cosmetica	62,61%
Tessuti e altri prodotti intermedi (ad es. plastica, gomma, carta, legno)	46,10%
Abbigliamento, calzature, articoli in pelle e correlati	50,02%
Orologi e gioielleria	58,35%
Prodotti minerali non metallici (ad es. vetro e prodotti in vetro, prodotti in ceramica)	30,00%
Metalli comuni e prodotti in metallo (tranne macchinari e attrezzature)	17,14%
Apparecchiature elettriche ed elettroniche, prodotti ottici, strumenti scientifici	60,03%
Macchinari, attrezzature industriali, computer e periferiche, navi e aerei	36,94%
Veicoli a motore e motocicli	55,29%
Beni per uso culturale e di intrattenimento domestico come i giochi, i giocattoli e i libri	43,26%
Arredi, apparecchi d'illuminazione, tappeti e altri prodotti non classificati altrove	37,59%
Totale	51,12%

Identificate le quote dei mercati primari e secondari, la domanda seguente è come calcolare il tasso di sostituzione dei consumatori nei mercati secondari, ovvero la misura in cui ogni acquisto illegale sostituisce una vendita legale. Le informazioni sui tassi di sostituzione possono essere ottenute da due diverse fonti: le ricerche accademiche sul comportamento socioeconomico dei consumatori e i sondaggi di consumo. Gran parte della ricerca accademica si è concentrata su prodotti immateriali, come nel caso della pirateria digitale; i dati sono più rari nel caso di prodotti materiali, a eccezione degli articoli di lusso.

Vari studi riportano stime sui tassi di sostituzione dei consumatori. Il primo è il sondaggio dell'Anti-Counterfeiting Group (2007) rivolto ai consumatori che ha analizzato diverse categorie merceologiche Anti-Counterfeiting Group (2007). Dal sondaggio risulta un tasso di sostituzione del 39% per abbigliamento e calzature; ciò significa che, ad ogni 2,5 euro spesi in capi, accessori o calzature contraffatti nei mercati secondari, corrisponde 1 euro di mancate vendite nel commercio all'ingrosso e al dettaglio. Lo stesso sondaggio ha determinato un tasso di sostituzione del 49% per i prodotti di profumeria e cosmesi e del 27% per i prodotti appartenenti alla categoria orologi e gioielli. Un altro studio sui tassi di sostituzione è il sondaggio svolto da Tom et al. (1998) che ha identificato un tasso di sostituzione del 32% per tutti gli altri prodotti contraffatti venduti sui mercati secondari.

La Tabella 2.6 riepiloga i tassi di sostituzione impiegati in questo studio.

Tabella 2.6. Tassi di sostituzione dei consumatori ipotizzati nello scenario principale

Settore	Tasso di sostituzione
Profumeria e cosmetica	49%
Orologi e gioielleria	27%
Abbigliamento, accessori, articoli in pelle e correlati	39%
Altri settori	32%

Fonti: Anti-Counterfeiting Group (2007) and Tom et al.(1998).

La generale carenza di dati sui tassi di sostituzione tra prodotti contraffatti e autentici costituisce di fatto la principale sfida nella quantificazione globale degli effetti della contraffazione. Pertanto tale esercizio comprende un'analisi di sensitività che verifica se eventuali modifiche dei tassi di sostituzione possano distorcere in modo sostanziale i risultati finali. L'analisi viene svolta introducendo tre differenti scenari con tre diverse serie di tassi di sostituzione (vedere il Riquadro 2.4). I risultati dell'analisi di sensitività sono riassunti nell'Allegato A.6.

È importante sottolineare che i risultati stimati per i tre scenari così come sono presentati nell'Allegato A.6 sono molti vicini tra loro. Ciò riconferma la solidità di tutti i risultati presentati nell'analisi.

Riquadro 2.4. Analisi di sensitività dei tassi di sostituzione

L'analisi di sensitività viene realizzata per ovviare alla scarsità dei dati disponibili sui tassi di sostituzione tra prodotti contraffatti e autentici. A tal fine vengono presentati tre diversi scenari.

Il primo ipotizza dei tassi di sostituzione in linea con i risultati del sondaggio presso i consumatori dell'Anti-Counterfeiting Group (2007). In questo scenario, è stato selezionato un tasso di sostituzione del 39% per la categoria merceologica correlata ad abbigliamento e calzature; ciò significa che, ad ogni 2,5 euro spesi in capi, accessori o calzature contraffatti nei mercati secondari, corrisponde 1 euro di mancate vendite nel commercio all'ingrosso e al dettaglio. Inoltre, secondo questo sondaggio, i tassi selezionati nello scenario 1 sono pari al 49% per i prodotti di profumeria e cosmesi e al 27% per i prodotti appartenenti alla categoria orologi e gioielli. Infine, secondo lo studio condotto da Tom et al (1998), il tasso di sostituzione selezionato è il 32% per tutti gli altri prodotti contraffatti venduti sui mercati secondari.

Il secondo scenario è più prudente e ipotizza tassi di sostituzione inferiori di 10 punti percentuali. Il terzo scenario è il più conservativo in assoluto e presuppone tassi di sostituzione inferiori di 20 punti percentuali rispetto al primo scenario.

Per poter verificare la solidità dei risultati, essi vengono calcolati in base a questi tre scenari alternativi, tutti basati su ipotesi di tassi di sostituzione dei consumatori inferiori. Tutti e tre sono riepilogati nella Tabella 2.7 sottostante.

Tabella 2.7. Tassi di sostituzione dei consumatori ipotizzati nei tre scenari

Settore	Scenario 1	Scenario 2	Scenario 3
Profumeria e cosmetica	49%	39%	29%
Orologi e gioielleria	27%	17%	7%
Abbigliamento, accessori, articoli in pelle e correlati	39%	29%	19%
Altri settori	32%	22%	12%

Fonti: Calcoli dell'autore basati su Anti-Counterfeiting Group (2007) e Tom et al.(1998).

2.4. In quale misura i consumatori italiani pagano un prezzo eccessivo per prodotti contraffatti?

Mentre i consumatori che acquistano consapevolmente prodotti contraffatti sono disposti ad accettare eventuali compromessi tra costo e qualità, coloro che acquistano prodotti falsi inconsapevolmente rischiano di pagare un prezzo eccessivo per un articolo di scarsa qualità. Come evidenziato al Punto 3 dell'Allegato A.2, il "danno ai consumatori" può essere stimato nel sovrapprezzo medio guadagnato dai contraffattori da entrambi i mercati moltiplicato per il volume di prodotti contraffatti venduti nei mercati primari.

Le stime del danno ai consumatori in Italia sono così state calcolate in due fasi. La prima ha previsto per ogni settore il calcolo della differenza tra prezzi medi sui mercati primari e secondari. Tali differenze rappresentano il danno per ciascun consumatore derivante dal singolo acquisto. Nella seconda fase il danno calcolato per ciascun consumatore è stato moltiplicato per il volume totale di transazioni sul mercato primario in una data categoria merceologica.

Le stime dei danni ai consumatori in Italia sono presentate nella Tabella 2.8. Nel 2013 il maggiore danno è stato registrato per il settore orologi e gioielli (1,42 miliardi di euro). Il danno totale dovuto all'insoddisfazione dei consumatori nel 2013 ammonta a quasi 2 miliardi di euro.

Tabella 2.8. Stima del danno ai consumatori in Italia per settore, 2013

Settore	Valore in milioni di euro
Alimenti, bevande e tabacco	53,9
Prodotti chimici e correlati a eccezione di prodotti farmaceutici, profumi e cosmetici	0,6
Prodotti chimici per uso medico e farmaceutico	5,3
Profumeria e cosmetica	15,0
Tessuti e altri prodotti intermedi (ad es. plastica, gomma, carta, legno)	1,3
Abbigliamento, calzature, articoli in pelle e correlati	253,0
Orologi e gioielleria	1.420,0
Metalli comuni e prodotti in metallo (tranne macchinari e attrezzature)	0,8
Apparecchiature elettriche ed elettroniche, prodotti ottici, strumenti scientifici	66,5
Macchinari, attrezzature industriali, computer e periferiche, navi e aerei	8,2
Veicoli a motore e motocicli	19,3
Beni per uso culturale e di intrattenimento domestico come giochi e giocattoli, libri e strumenti musicali	64,9
Arredi, apparecchi d'illuminazione, tappeti e altri prodotti non classificati altrove	1,8
Totale	1.910,6

2.5. L'impatto dei prodotti contraffatti sulle vendite nel commercio italiano all'ingrosso e al dettaglio

Le mancate vendite a causa del mercato della contraffazione nel commercio italiano all'ingrosso e al dettaglio sono state calcolate utilizzando il metodo presentato al Punto 4 dell'Allegato A.2. Per tale calcolo si applicano i tassi di sostituzione determinati nella letteratura esistente: 39% per la categoria abbigliamento e calzature; 49% per la categoria profumi e cosmetici; 27% per la categoria orologi e gioielli; 32% per tutti gli altri prodotti contraffatti venduti nei mercati secondari.

Complessivamente, nel 2013 il volume totale delle mancate vendite per i grossisti e i rivenditori italiani a causa delle importazioni di prodotti contraffatti e piratati ammontava a 6,9 miliardi di euro. Vale a dire, il 2,7% delle vendite totali registrate dal commercio italiano all'ingrosso e al dettaglio nello stesso anno.

Le maggiori perdite sul fronte delle vendite nel commercio italiano all'ingrosso e al dettaglio in termini assoluti si sono registrate per i prodotti elettronici, elettrici e ottici (1,8 miliardi di euro di mancate vendite nel 2013), seguiti da abbigliamento, calzature, articoli in pelle e correlati (1,3 miliardi di euro di mancate vendite nel 2013).

Il settore "orologi e gioielli" ha registrato le maggiori perdite in termini relativi (7,5% di mancate vendite a causa del mercato della contraffazione), seguito da quello dei prodotti elettronici, elettrici e ottici (5,4%) e da quello dell'abbigliamento, calzature, articoli in pelle e correlati (4,4%).

Tabella 2.9. Mancate vendite per il commercio italiano all'ingrosso e al dettaglio a causa delle importazioni di prodotti contraffatti in Italia, 2013

Settore	Valore in milioni di euro	Quota di vendite
Alimenti, bevande e tabacco	618	1,0%
Prodotti chimici e correlati a eccezione di prodotti farmaceutici, profumi e cosmetici	125	3,7%
Prodotti chimici per uso medico e farmaceutico	254	2,3%
Profumeria e cosmetica	85	1,6%
Tessuti e altri prodotti intermedi (ad es. plastica, gomma, carta, legno)	446	4,3%
Abbigliamento, calzature, articoli in pelle e correlati	1.269	4,4%
Orologi e gioielleria	221	7,5%
Prodotti minerali non metallici (ad es. vetro e prodotti in vetro, prodotti in ceramica)	16	0,2%
Metalli comuni e prodotti in metallo (tranne macchinari e attrezzature)	475	4,0%
Apparecchiature elettriche ed elettroniche, prodotti ottici, strumenti scientifici	1.794	5,4%
Macchinari, attrezzature industriali, computer e periferiche	732	4,1%
Veicoli a motore e motocicli	569	1,9%
Beni per uso culturale e di intrattenimento domestico come giochi e giocattoli, e strumenti musicali	212	2,1%
Arredi, apparecchi d'illuminazione, tappeti e altri prodotti non classificati altrove	132	0,6%
Totale settore ingrosso e dettaglio	6.949	2,7%

2.6. L'impatto del mercato della contraffazione sull'occupazione nel commercio italiano all'ingrosso e al dettaglio

Una diminuzione delle vendite nel commercio all'ingrosso e al dettaglio riduce la domanda di manodopera e determina, di conseguenza, la perdita di posti di lavoro. Tuttavia una riduzione del $x\%$ delle vendite non si traduce necessariamente in una corrispondente riduzione del $x\%$ dei posti di lavoro e, quindi, occorre prima calcolare in che misura il commercio all'ingrosso e al dettaglio adeguano l'assunzione di forza lavoro in base alle variazioni delle vendite. Il modello econometrico di base presentato al Punto 5 dell'Allegato A.2 consente di stimare tali variabili specifiche per ogni settore. Combinando queste ultime con le stime sulle mancate vendite descritte nella precedente sezione, è possibile stimare il numero e la quota di posti di lavoro persi nel commercio all'ingrosso e al dettaglio.

La Tabella 2.10 presenta i principali risultati per vari settori del commercio all'ingrosso e al dettaglio. I posti di lavoro complessivamente persi nel commercio italiano all'ingrosso e al dettaglio per via delle importazioni di prodotti contraffatti nel Paese è stato di 23.150 unità nel 2013, pari a oltre l'1,3% di tutti gli addetti del settore.

In termini assoluti, le maggiori perdite di posti di lavoro a causa della contraffazione e della pirateria sono state rilevate nella vendita di abbigliamento, calzature, accessori e prodotti correlati: 6.582, ovvero il 2,4% di tutti gli occupati nei settori indicati. In termini relativi, i grossisti e i dettaglianti del settore degli orologi e dei gioielli sono stati i più colpiti con il 3,6% dei posti di lavoro persi nel 2013.

Tabella 2.10. Posti di lavoro persi nel commercio italiano all'ingrosso e al dettaglio a causa delle importazioni di prodotti contraffatti, 2013

Settore	Numero di dipendenti	Quota di dipendenti
Alimenti, bevande e tabacco	3.374	0,6%
Prodotti chimici e correlati a eccezione di prodotti farmaceutici, profumi e cosmetici	244	1,7%
Prodotti chimici per uso medico e farmaceutico	565	1,2%
Profumeria e cosmetica	340	0,9%
Tessuti e altri prodotti intermedi (ad es. plastica, gomma, carta, legno)	1.847	2,3%
Abbigliamento, calzature, articoli in pelle e correlati	6.582	2,4%
Orologi e gioielleria	797	3,6%
Prodotti minerali non metallici (ad es. vetro e prodotti in vetro, prodotti in ceramica)	65	0,1%
Metalli comuni e prodotti in metallo (tranne macchinari e attrezzature)	1.649	2,1%
Apparecchiature elettriche ed elettroniche, prodotti ottici, strumenti scientifici	1.712	2,7%
Macchinari, attrezzature industriali, computer e periferiche	2.262	2,1%
Veicoli a motore e motocicli	2.272	1,1%
Beni per uso culturale e di intrattenimento domestico come giochi e giocattoli, e strumenti musicali	813	1,1%
Arredi, apparecchi d'illuminazione, tappeti e altri prodotti non classificati altrove	629	0,3%
Totale settore ingrosso e dettaglio	23.149	1,3%

Nota: I dipendenti sono misurati in unità equivalenti a tempo pieno secondo la definizione Eurostat (2018).

2.7. Perdite di entrate pubbliche a causa della vendita di prodotti contraffatti

Il calo delle vendite nel commercio all'ingrosso e al dettaglio dovute alle importazioni di prodotti contraffatti e piratati in Italia si traduce in un minor gettito fiscale per il governo italiano derivante da IVA, imposte sul reddito delle società (IRES), imposte sul reddito delle persone fisiche (IRPEF) e contributi previdenziali (vedere Punto 6 dell'Allegato A.2).

La Tabella 2.11 presenta le mancate entrate erariali per tipologia di imposta, per un importo totale di 3,7 miliardi di euro nel 2013. Nell'ambito del dato complessivo, la voce principale è rappresentata dall'IVA per un importo pari a 1,5 miliardi di euro.

Tabella 2.11. Mancato gettito fiscale per il governo italiano a causa dell'importazione di prodotti contraffatti nel Paese, 2013

Tipologia di imposta	Valore in milioni di euro	Quota di imposte riscosse
Imposte sul reddito delle persone fisiche e contributi previdenziali	1.354	0,8%
Imposte sul reddito delle società	831	2,1%
Imposte sul valore aggiunto	1.529	1,6%
Totale	3.714	1,2%

Infine, occorre considerare che il livello di mancato gettito fiscale dipende anche dall'efficienza dei programmi di riscossione. Un sistema fiscale inefficiente può consentire alle aziende di sfruttare le lacune e le incongruenze nella normativa fiscale per spostare artificiosamente i profitti in Paesi a bassa tassazione o a tassazione zero, dove l'attività economica è nulla o scarsa. Il programma BEPS (Base Erosion and Profit Shifting) dell'OCSE è stato pensato per affrontare questo problema (Riquadro 2.5).

Secondo recenti risultati basati su analisi specifiche per ciascun Paese, l'Italia è uno dei Paesi con il quadro normativo più avanzato per la gestione del problema.

Riquadro 2.5. Il programma BEPS dell'OCSE

Il programma BEPS (Base Erosion and Profit Shifting) dell'OCSE affronta le strategie di elusione fiscale che sfruttano le lacune e le incongruenze nella normativa fiscale per spostare artificiosamente i profitti in Paesi a bassa tassazione o a tassazione zero. Anche se alcuni dei sistemi impiegati sono illegali, la maggior parte di essi non lo è. Tuttavia questa prassi mina la correttezza e l'integrità dei sistemi fiscali poiché le aziende che operano tra più Paesi possono utilizzare il BEPS per ottenere un vantaggio competitivo sulle imprese che lavorano entro i confini nazionali. Inoltre, quando i contribuenti si rendono conto che le multinazionali eludono legalmente il pagamento delle tasse sul reddito, viene meno anche la loro volontà di rispettare la legge.

Nell'ambito del BEPS oltre 100 Paesi collaborano allo scopo di adottare misure per contrastare queste strategie. L'Inclusive Framework fornisce informazioni sui quadri legali dei singoli Paesi che si basano sulla reportistica CbC nel mondo; così facendo ha dato alle amministrazioni fiscali un'istantanea di alto livello delle misure attualmente in fase di implementazione.

Riferimenti

Anti-Counterfeiting Group (2007), *Consumer survey*, commissionato da specialisti di sondaggi indipendenti, http://www.wipo.int/ip-outreach/en/tools/research/details.jsp?id=691.

Bian, X., S. Haque e A. Smith (2015), "Social power, product conspicuousness and the demand for luxury brand counterfeit products", *British Journal of Social Psychology*, Vol. 54/1, pp. 37-54.

Bian et al. (2016), "New insights into unethical counterfeit consumption", *Journal of Business Research*, Vol. 69/10, pp. 4249-58.

Brembo (2015), *New Anti-Counterfeiting Car Will Protect Buyers of Brembo High Perforance and Racing Products*, Brembo S.p.A, Curno (Bergamo), http://www.brembo.com/en/company/news/brembo-puts-the-brakes-on-counterfeit-products (consultato il 26 febbraio 2018).

Censis (2016), *La contraffazione : dimensioni, caratteristiche e approfondimenti*, Centro Studi Investimenti Sociali, Commissionato e finanziato dal Direzione Generale per la lotta alla contraffazione – UIBM, Ministero dello Sviluppo Economico, Roma, http://www.uibm.gov.it/attachments/REPORT%20CENSIS%20FINALE.PDF .

Eisend, M. e P. Schuchert-Güler (2006), "Explaining counterfeit purchases: A review and preview", *Academy of Marketing Science Review*, Vol. 2006/12, pp. 1-25.

Eurostat (2018), *Structural Business Statistics (SBS) and Global Business Activities*, Eurostat, http://ec.europa.eu/eurostat/web/structural-business-statistics.

OCSE (2017), *Trade in Counterfeit ICT Goods*, OECD Publishing, Parigi, http://oe.cd/fakeICTs.

OCSE/EUIPO (2016), *Trade in Counterfeit and Pirated Goods: Mapping the Economic Impact*, OECD Publishing, Parigi, http://dx.doi.org/10.1787/9789264252653-en.

OHIM / Europol (2015), 2015 Situation Report on Counterfeiting in the European Union, Available at: https://www.europol.europa.eu/publications-documents/2015-situation-report-counterfeiting-in-european-union

Thumm, N., Butticé, V. Caviggioli, F., Franzoni, C. and G. Scellato (2018), "Impact of counterfeiting on the performance of digital technology companies", JRC Working Papers on Digital Economy, No 2018-03, EU Joint Research Center, Seville

Tom, G. et al. (1998), "Consumer demand for counterfeit goods", *Psychology & Marketing*, Vol. 15/5, pp. 405-421.

UN Trade Statistics (2017), *Harmonized commodity description and coding systems (HS)*, Nazioni Unite, Ginevra, https://unstats.un.org/unsd/tradekb/Knowledgebase/50018/Harmonized-Commodity-Description-and-Coding-Systems-HS.

Nota

[1] Le autorità italiane di contrasto hanno riscontrato, inoltre, che buona parte dei colli di piccole dimensioni giunti in Italia per via aerea da Paesi extra-UE non è destinata all'Italia. Gli aeroporti di arrivo in Italia per le piccole spedizioni sono: Bergamo, Bologna, Milano Linate, Milano Malpensa, Pisa, Roma Fiumicino, Roma Ciampino e Venezia.

3. Made in Italy? La violazione dei DPI italiani nel mondo

Il presente capitolo valuta i danni causati dalla violazione dei Diritti di Proprietà Intellettuale nel commercio mondiale. Dopo aver descritto chi viene particolarmente penalizzato da questa attività illecita, l'analisi prosegue prendendo in considerazione la portata e il volume di tali violazioni. Vengono presentate le principali economie di provenienza e di destinazione delle merci contraffatte che violano i DPI italiani. L'attenzione si concentra poi sui prodotti italiani maggiormente a rischio di contraffazione, con una peculiare analisi quantitativa che ne definisce l'effettivo livello di vulnerabilità. Vengono fatte distinzioni tra mercato primario e secondario. Infine, si valutano gli effetti dannosi della violazione dei DPI sull'economia italiana, ancora una volta in termini di mancate vendite, perdita di posti di lavoro e mancato gettito fiscale per l'amministrazione pubblica.

3.1. Chi è interessato e in che modo?

La violazione dei Diritti di Proprietà Intellettuale (DPI) nel commercio mondiale colpisce principalmente:

- i titolari di diritti italiani (industrie manifatturiere);
- il governo italiano.

3.1.1. Imprese

I legittimi titolari di Diritti di Proprietà Intellettuale italiani possono essere duramente colpiti dal commercio mondiale di prodotti contraffatti che violano i loro diritti. Nel breve termine, tale commercio riduce i volumi di vendita erodendo quindi i profitti e portando a minori livelli di occupazione nel settore manifatturiero italiano. Nel lungo termine, le imprese italiane registrano un'importante perdita di potere del marchio a causa della concorrenza sleale da parte di contraffattori che abusano della loro Proprietà Intellettuale.

Il metodo di seguito sviluppato si concentra solo sugli effetti economici sui volumi di vendita e sui tassi di occupazione del settore manifatturiero di breve termine. Gli effetti di lungo termine non possono essere quantificati, per due motivi principali. Innanzitutto, per farlo sarebbero necessari dati relativi a un maggior numero di anni e tali informazioni non sono disponibili. Inoltre gli studi esistenti che potrebbero contribuire a produrre un adeguato metodo alternativo sono per lo più teorici e non forniscono un solido supporto empirico.

Inoltre, è importante considerare che, come anticipato nel capitolo precedente, alcuni settori possono in realtà trarre un vantaggio dalla contraffazione e dalla pirateria. In primo luogo, la contraffazione può generare attività economiche, che possono essere vantaggiose per numerosi operatori del settore qualora le merci contraffatte vengano prodotte sul territorio nazionale. In secondo luogo, alcuni intermediari come compagnie di navigazione e spedizionieri possono registrare una maggiore domanda di servizi a causa del commercio di merci contraffatte.

Questo metodo tuttavia si concentra solo sulle perdite sostenute dal settore manifatturiero a causa della contraffazione e della pirateria, e non tiene conto né dell'impatto positivo della produzione di prodotti contraffatti né dei potenziali guadagni ottenuti dagli intermediari per il commercio di prodotti contraffatti. I due principali motivi di questa scelta sono stati illustrati nella Sezione 2.1 del Capitolo 2

3.1.2. Governo

Per il governo italiano, i principali effetti del commercio mondiale di prodotti contraffatti e piratati che violano marchi e brevetti italiani consistono nel mancato gettito fiscale. In primo luogo, la diminuzione dei volumi di vendita e il calo dei profitti per i titolari di diritti italiani riducono direttamente l'introito derivante dalle imposte sul reddito delle società. In secondo luogo, alcune vendite di questi prodotti sul mercato nazionale tendenzialmente non vengono registrate; ciò porta a una riduzione dell'introito derivante dalle imposte sulle vendite e dell'IVA. Infine la perdita di posti di lavoro nel settore manifatturiero causata dalla contraffazione riduce l'introito derivante dalle imposte sui salari, in particolare in termini di contributi previdenziali e di IRPEF.

Come illustrato nel Capitolo 2, in una prospettiva di lungo periodo, il commercio di prodotti contraffatti può generare notevoli effetti dannosi per i governi, ad esempio in termini di commercio, innovazione e sviluppo, occupazione, ambiente e attività criminose. Tuttavia, a causa della mancanza di dati statistici sufficienti e uniformi riferiti alle diverse economie, non è possibile, in questa fase, effettuare la quantificazione di tali impatti.

Riepilogando, vi sono tre aree di impatto del commercio mondiale di prodotti che violano i marchi e i brevetti italiani che questo studio è in grado di quantificare con un grado relativamente alto di affidabilità: 1) la diminuzione delle vendite, 2) la perdita di posti di lavoro per l'industria manifatturiera italiana e 3) il minor gettito fiscale per il governo italiano.

L'Allegato A.3 presenta in dettaglio il quadro metodologico e i dati utilizzati per calcolare questi effetti. Le seguenti sotto-sezioni descrivono il metodo e i principali risultati ottenuti.

3.2. Quali sono la portata e il volume delle violazioni dei Diritti di Proprietà Intellettuale italiani nel commercio mondiale?

Prima di misurare le conseguenze sull'economia italiana delle violazioni dei Diritti di Proprietà Intellettuale nel commercio mondiale, è necessario valutare il volume di tali violazioni. I seguenti paragrafi forniscono quindi alcune statistiche descrittive sulla portata globale del commercio di prodotti contraffatti che violano marchi e brevetti italiani. Viene poi stimato il volume totale di prodotti contraffatti e piratati oggetto di scambi su scala mondiale impiegando il metodo GTRIC, presentato in dettaglio al Punto 7 dell'Allegato A.3 e dell'Allegato A.5.

3.2.1. Quali sono le principali economie di provenienza e di destinazione dei prodotti contraffatti che violano i DPI italiani?

Analizzando i dati sui sequestri effettuati in dogana a livello globale, gli Stati membri dell'Unione Europea sono risultati tra le principali destinazioni di prodotti contraffatti e piratati che violavano i DPI italiani tra il 2011 e il 2013 (Figura 3.1.B), sia in termini di numero di sequestri effettuati in dogana sia in termini di valore sequestrato. L'Italia stessa si è posizionata al quarto posto per valore dei prodotti sequestrati e al secondo posto per numero di sequestri effettuati.

Le economie asiatiche, in particolare Cina, Hong Kong (Cina) e Tailandia erano i principali Paesi di provenienza delle merci contraffatte e piratate che violavano i DPI italiani nello stesso periodo 2011-13 (vedere la Figura 3.1.A), seguite da Turchia, Grecia e Marocco.

Figura 3.1. Principali economie di provenienza e destinazione di merci contraffatte che violano la PI italiana, 2011-2013

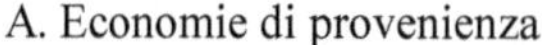

A. Economie di provenienza

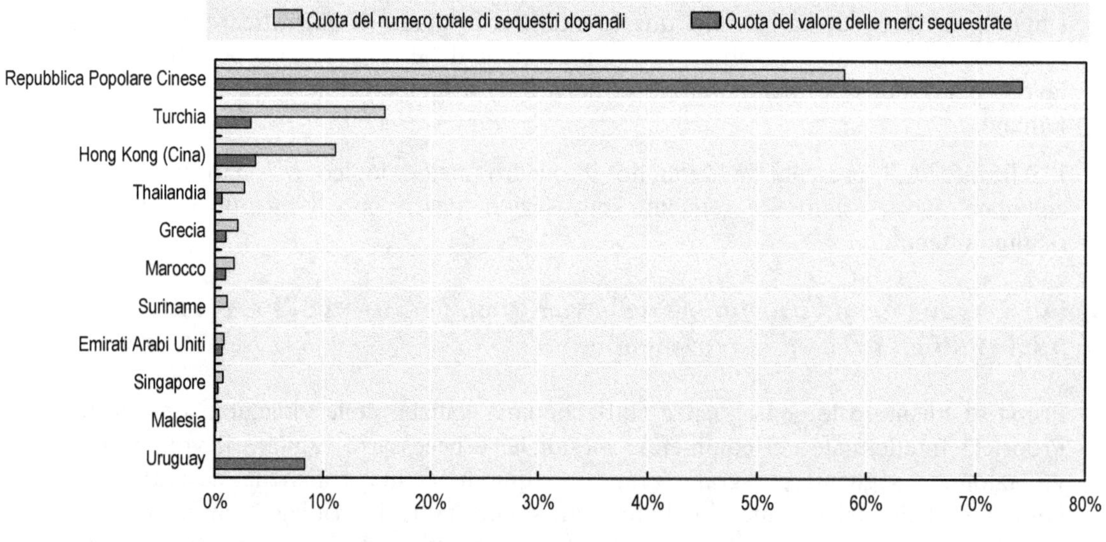

B. Economie di destinazione

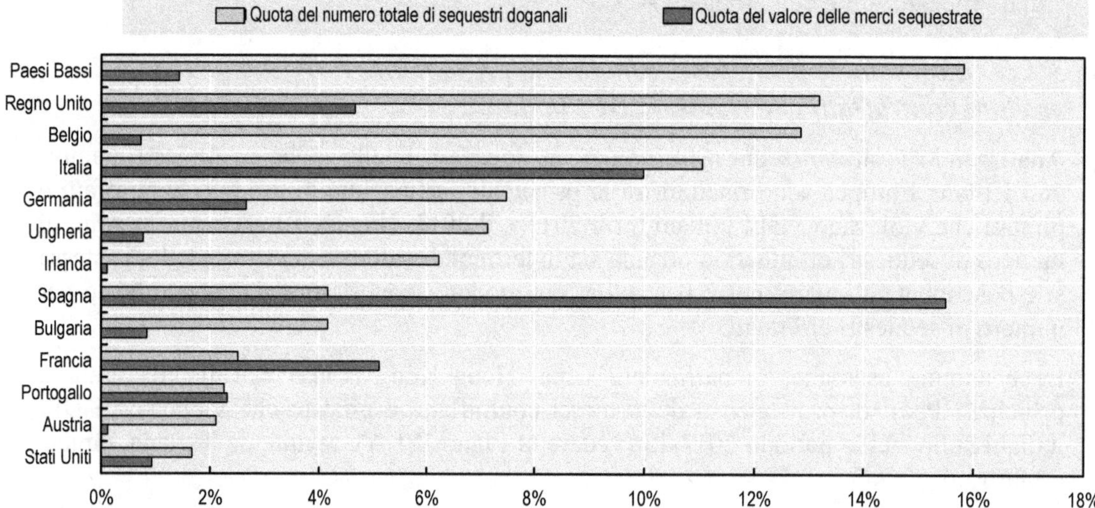

Per ottenere una misura significativa della probabilità che ciascuna economia divenga una destinazione di prodotti contraffatti e piratati i cui Diritti di Proprietà Intellettuale sono detenuti da titolari residenti in Italia, i dati sui sequestri effettuati in dogana devono essere confrontati con i dati sulle esportazioni italiane di prodotti autentici e con i dati sulle vendite nazionali di prodotti dell'industria manifatturiera italiana. Viene quindi impiegato l'indice GTRIC-e (Indice generale di contraffazione e pirateria rapportato al commercio delle economie di destinazione), che consente di confrontare la frequenza dei sequestri effettuati in dogana di prodotti contraffatti che hanno violato i DPI italiani e vengono venduti in una data economia, e la quota di tale economia nelle vendite italiane (esportazioni + vendite nazionali).

La Tabella 3.1 indica le 15 economie che con maggiore probabilità rappresentano la destinazione di prodotti contraffatti e piratati che violano i DPI dei titolari italiani nel periodo 2011-2013 (nella Tabella B.3 nell'Allegato B è riportato un elenco completo). Il ventaglio delle probabili economie di destinazione è molto vasto e va dal Paraguay al Kuwait, dall'Unione Europea (ad es. Spagna, Portogallo, Regno Unito, Finlandia, Paesi Bassi) alle economie del sud-est europeo (ex Repubblica Jugoslava di Macedonia, Montenegro).

Tabella 3.1. Le 15 principali economie che con maggiore probabilità importano prodotti che violano i DPI italiani

Punteggi GTRIC-e, media 2011-2013

Economia di destinazione	GTRIC-e
Paraguay	1,000
Kuwait	0,983
Repubblica Ceca	0,975
Spagna	0,974
Bulgaria	0,952
Portogallo	0,945
Togo	0,924
Lussemburgo	0,920
Guinea	0,881
Regno Unito	0,871
Ex Repubblica Jugoslava di Macedonia	0,784
Finlandia	0,778
Ungheria	0,768
Paesi Bassi	0,767
Montenegro	0,750

Nota: Un punteggio GTRIC-e elevato indica che un'economia è molto incline a essere mercato di destinazione di prodotti contraffatti che violano marchi e brevetti italiani, in termini assoluti o come percentuale delle vendite italiane. I risultati relativi a tutte le economie di destinazione per gli anni 2011, 2012 e 2013 sono riportati nella Tabella B.4 dell'Allegato B.

In termini di economie di origine delle merci contraffatte che violano i Diritti di Proprietà Intellettuale delle aziende italiane, in molti settori Internet genera canali distributivi sempre più efficienti. Attualmente, Internet è il principale mezzo per collegare contraffattori e consumatori. I contraffattori tendono a utilizzare sia grandi marketplace e piattaforme (eBay, Amazon, ecc.) sia piccoli siti web di prodotti contraffatti, che possono sembrare originali, attraverso i quali possono anche fare pubblicità in forma digitale sui social media.

3.2.2. Quali tipologie di prodotti italiani sono maggiormente oggetto di contraffazione?

L'insieme di dati unificati sui sequestri doganali di merci contraffatte e piratate può essere utilizzato anche per identificare le categorie merceologiche in cui marchi e brevetti italiani risultano più vulnerabili alla contraffazione e alla pirateria globale. Nel periodo 2011-2013 le categorie maggiormente oggetto di contraffazione spaziavano dai beni comuni fondamentali ai prodotti di lusso o intermedi (Figura 3.2).

Figura 3.2. Principali categorie di prodotti italiani contraffatti, 2011-2013

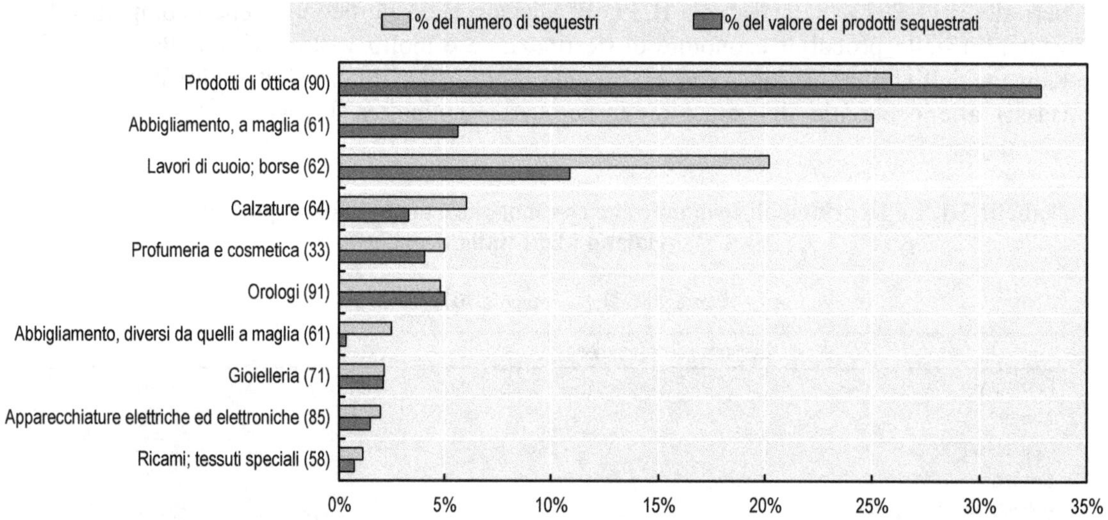

% del numero di sequestri
% del valore dei prodotti sequestrati

Prodotti di ottica (90)
Abbigliamento, a maglia (61)
Lavori di cuoio; borse (62)
Calzature (64)
Profumeria e cosmetica (33)
Orologi (91)
Abbigliamento, diversi da quelli a maglia (61)
Gioielleria (71)
Apparecchiature elettriche ed elettroniche (85)
Ricami; tessuti speciali (58)

0% 5% 10% 15% 20% 25% 30% 35%

Nota: I numeri tra parentesi sono i codici del Sistema Armonizzato (SA) come definiti dalle Statistiche sugli scambi commerciali delle Nazioni Unite (UN Trade Statistics, 2017).

Un elemento da evidenziare è che i brand prodotti da Piccole e Medie Imprese italiane sono spesso oggetto di contraffazione. Questi prodotti possono provenire da vari settori, dall'agricoltura agli arredi fino all'abbigliamento di lusso.

Anche se i volumi di produzione di queste aziende sono limitati, viste le loro dimensioni, spesso le PMI offrono prodotti di qualità eccellente molto apprezzati. Di conseguenza tali prodotti diventano un obiettivo estremamente redditizio per i contraffattori, dato che la violazione dei loro marchi registrati potrebbe essere molto proficua.

Inoltre le Piccole e Medie Imprese non dispongono delle risorse e delle capacità sufficienti per monitorare questa minaccia e per sviluppare contromisure efficaci. Per le PMI le conseguenze possono quindi essere molto più gravi di quelle per le grandi aziende che dispongono di capacità ed esperienza per gestire i rischi derivanti dalla contraffazione (Riquadro 3.1).

Sebbene la gamma dei prodotti a rischio di violazione della Proprietà Intellettuale sia vasta, la misura in cui la contraffazione e la pirateria impattano sui marchi e sui brevetti italiani varia in modo significativo in base alle diverse categorie merceologiche. Le statistiche sui sequestri, riportate nella Figura 3.2, indicano che le violazioni dei DPI italiani nel mondo si concentrano in particolar modo su un numero limitato di settori che comprendono, sia in termini di numero di sequestri effettuati in dogana che di valore dei pezzi sequestrati, occhiali da sole, abbigliamento, articoli in pelle e borse, calzature, profumi e cosmetici, orologi.

L'indice GTRIC-p viene, poi, utilizzato per confrontare le categorie merceologiche maggiormente vulnerabili alla contraffazione e alla pirateria. Per ogni categoria merceologica, l'indice confronta il numero di sequestri effettuati in dogana a livello globale di prodotti contraffatti che violano i DPI italiani con la percentuale delle vendite Italiane (esportazioni + vendite sul mercato domestico) di ciascuna categoria merceologica. Il risultato è una classifica generale dei settori in base alla loro propensione a contenere marchi o brevetti italiani a rischio di contraffazione e pirateria (Tabella 3.2; nellaTabella B.5 nell'Allegato B è riportato un elenco completo).

Un punteggio GTRIC-p elevato implica che una data categoria merceologica contenga alti valori di marchi e brevetti italiani oggetto di contraffazione e pirateria a livello globale in termini assoluti (ad es. in euro), o che un'ampia quota della produzione di merci associate a un marchio o a un brevetto italiano in una data categoria merceologica sia contraffatta o piratata.

Riquadro 3.1. Le PMI italiane sono a rischio!

Un esempio di una piccola impresa italiana che ha risentito della contraffazione è stato citato durante un'intervista di un'associazione di categoria italiana.

L'azienda X era una realtà a gestione familiare, specializzata nella progettazione e produzione in-house di calzature di lusso, in piccole quantità, in Italia. Data l'elevata qualità dei prodotti e il design accattivante, godeva di una forte reputazione e la domanda di prodotti era alta. Essendo un'azienda a gestione familiare di esigue dimensioni, X seguiva un modello di distribuzione tradizionale offrendo le proprie collezioni a un numero esclusivo di boutique selezionate.

A un certo punto, l'azienda X ha deciso di prendere in considerazione la possibilità di aprire un negozio online da gestire in-house. Una breve analisi ha rivelato la presenza di un'enorme quantità di calzature a marchio X nell'ambiente online dell'e-commerce, comprese le maggiori piattaforme retail, contraffatte nella maggior parte dei casi.

Secondo l'associazione di categoria italiana era impossibile per l'azienda X contrastare questo fenomeno, come ha dichiarato il manager di X, "Siamo una piccola realtà a gestione familiare. Non abbiamo strumenti per monitorare Internet. Non disponiamo di un'unità anticontraffazione e neanche di un ufficio legale. I nostri punti di forza e le nostre competenze risiedono nella produzione di calzature."

Tabella 3.2. Le 15 categorie merceologiche maggiormente sensibili alla violazione di DPI italiani nel commercio mondiale

Punteggi GTRIC-p, media 2011-2013

Categoria AS	GTRIC-p
Strumenti e apparecchi di ottica, per fotografia e apparecchiature medicali (90)	1,000
Orologi (91)	1,000
Articoli in pelle, borse (42)	1,000
Profumeria e cosmetica (33)	0,995
Abbigliamento e accessori (non lavorati a maglia o crochet) (62/65)	0,992
Abbigliamento, a maglia (61)	0,980
Finitura tessuti (58)	0,979
Calzature (64)	0,814
Articoli vari in metallo comune (83)	0,567
Giochi e giocattoli (95)	0,438
Gioielleria (71)	0,389
Altri articoli in tessuto (63)	0,337
Tessuti lavorati a maglia (60)	0,280
Macchinari elettrici ed elettronica (85)	0,276
Vetro e prodotti in vetro (70)	0,257

Nota: Un punteggio GTRIC-p elevato implica che una data categoria merceologica contenga alti valori di marchi e brevetti italiani vulnerabili alla contraffazione e alla pirateria a livello globale in termini assoluti (ad es. in euro) o che un'ampia quota della produzione di merci associate a un marchio o a un brevetto italiano in questa categoria merceologica sia contraffatta o piratata. I numeri tra parentesi sono i codici del Sistema Armonizzato (SA) come definiti dalle Statistiche sugli scambi commerciali delle Nazioni Unite (UN Trade Statistics, 2017).

Oltre alle tipologie di prodotti italiani oggetto di contraffazione, sta crescendo anche il numero di sequestri di confezioni e loghi falsi. Ciò conferma i dati qualitativi raccolti nel corso di interviste strutturate con le autorità di contrasto italiane, relativi all'assemblaggio, nel territorio nazionale, di merci contraffatte e piratate prodotte a partire da materiali importati. In termini di risultati generali, appare necessaria un'interpretazione prudente dei risultati finali considerando che confezioni ed etichette hanno un valore significativamente inferiore a quello dei prodotti finali. Secondo il metodo GTRIC tutte le confezioni e le etichette contraffatte sono considerate "imballaggi" e rappresentano il valore degli imballaggi. I loghi e gli adesivi falsi vengono poi utilizzati nella fase finale di assemblaggio dell'articolo contraffatto, che ha luogo in Italia.

Inoltre vi sono numerosi casi di denominazioni di marchi o di loghi falsi registrati in Cina ma anche in Europa. Essi sono considerati marchi o loghi "sosia" in quanto molto simili a quelli delle marche da imitare. Ad esempio, il termine "Raybane" è utilizzato per violare i Diritti di Proprietà Intellettuale di Ray-Ban.

3.2.3. A quanto ammonta il valore del commercio mondiale di prodotti contraffatti che violano i DPI italiani?

Come illustrato al Punto 7 dell'Allegato A.3, applicando gli indici GTRIC-e e GTRIC-p ai dati sulle esportazioni e sulle vendite nazionali italiane possiamo misurare i valori assoluti del commercio di prodotti contraffatti piratati che violano i DPI di titolari residenti in Italia. Questi valori assoluti sono espressi come limite massimo per le merci contraffatte e piratate, in percentuale di esportazioni e vendite. Per calcolare questi valori massimi e tradurre i risultati da valori relativi a valori assoluti (ad es. in termini monetari) è prima necessario definire un "punto fisso". Tale "punto fisso" è la percentuale di prodotti contraffatti rispetto alle importazioni totali in una categoria selezionata di prodotti da uno specifico partner commerciale per cui sono disponibili dati affidabili. I punti fissi possono essere solitamente definiti con una certa credibilità attraverso interviste con i funzionari delle autorità di contrasto per la combinazione "categoria merceologica - economia di destinazione" più rilevanti in termini di commercio di prodotti contraffatti e piratati (per maggiori dettagli è possibile consultare lo studio OCSE-EUIPO, 2016).

Per verificare se i valori del "punto fisso" determinato durante i colloqui con i funzionari doganali e gli esperti offrono risultati solidi, vengono svolte ulteriori verifiche. A tale scopo l'applicazione empirica si basa su tre scenari con valori selezionati del 10%, 15% e 20%. Si noti che tutti questi scenari adottano valori molto più prudenti per i punti fissi rispetto a quelli effettivi applicati alle importazioni in OCSE-EUIPO (2016).

La Tabella 3.3 riporta il valore stimato del commercio mondiale di prodotti contraffatti che violano marchi e brevetti italiani per gli anni 2011, 2012 e 2013, per questi tre valori limite. Le stime più attendibili basate sui dati forniti dalle autorità doganali nel mondo e sul metodo GTRIC indicano che il commercio mondiale di prodotti contraffatti e piratati che violano marchi e brevetti italiani ha raggiunto la cifra di 35,58 miliardi di euro nel 2013, pari al 4,9% delle vendite totali per il settore manifatturiero italiano (nazionale + esportazioni). Ciò significa che circa il 7,7% del commercio mondiale di prodotti contraffatti e piratati riguarda merci che violano brevetti o marchi italiani (35,58 miliardi di euro rispetto ai 461 miliardi di euro stimati dallo studio OCSE/EUIPO (2016)..

Tabella 3.3. Valore stimato del commercio mondiale di prodotti contraffatti che violano i Diritti di Proprietà Intellettuale italiani 2011-13

Anno	2011		2012		2013	
Unità	Valore in miliardi di euro	Quota di vendite	Valore in miliardi di euro	Quota di vendite	Valore in miliardi di euro	Quota di vendite
Limite massimo 20%	24,22	3,31%	34,98	4,42%	35,58	4,87%
Limite massimo 15%	18,16	2,49%	26,23	3,32%	26,69	3,37%
Limite massimo 10%	12,44	1,70%	17,49	2,21%	17,79	2,39%

La Figura 3.3 scompone tale importo per categoria merceologica. In termini assoluti (in milioni di euro), i marchi e i brevetti italiani relativi ad apparecchiature elettriche ed elettroniche, prodotti ottici, strumenti, macchinari e attrezzature di tipo scientifico, abbigliamento, calzature e articoli in pelle, prodotti alimentari sono stati particolarmente oggetto di contraffattori nel mercato globale. In termini relativi, articoli in pelle e borse, abbigliamento, profumi e cosmetici sono state le tipologie di prodotti più spesso contraffatte nel mondo e i prodotti contraffatti in tali categorie merceologiche hanno rappresentato oltre l'11% di tutti i prodotti in ogni categoria.

Figura 3.3. Principali categorie merceologiche oggetto di violazione dei DPI italiani nel commercio mondiale, 2013

A. In termini di valore

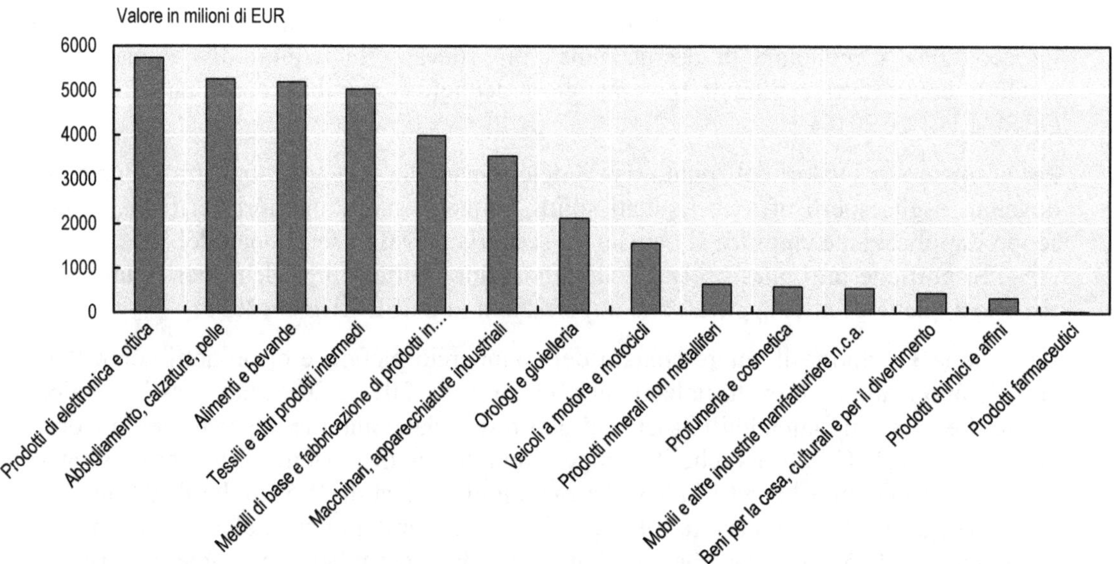

B. In termini di quota all'interno della categoria merceologica

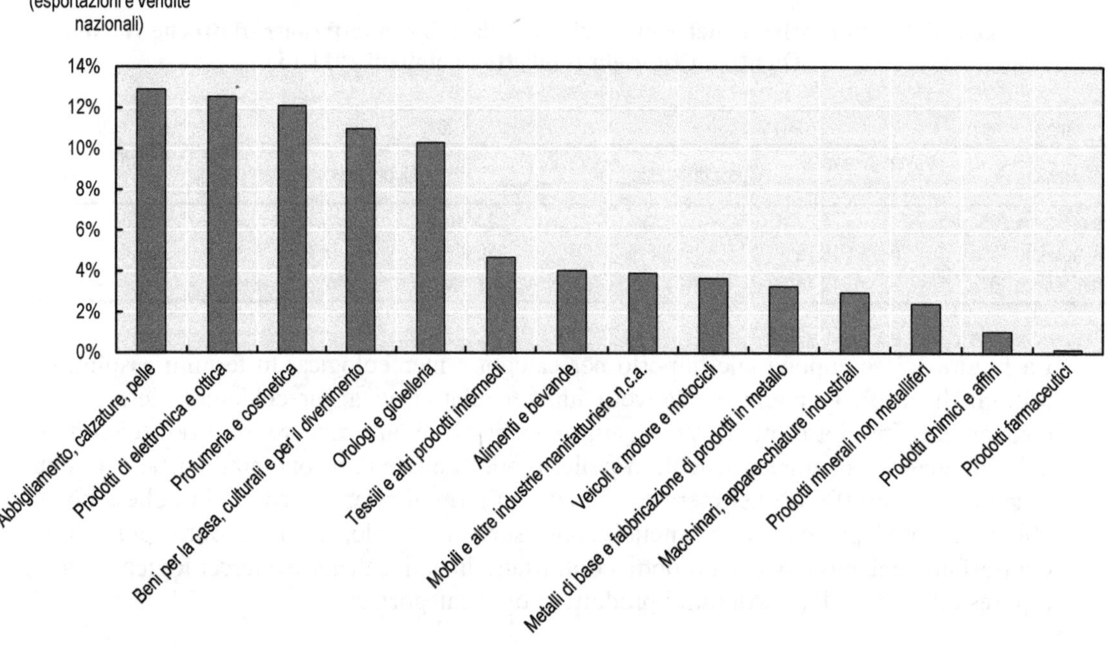

3.3. Mercati primari e secondari dei prodotti italiani contraffatti

Il prossimo passaggio consiste nel confrontare la quota di prodotti contraffatti che violano i DPI italiani venduti sui mercati primari nel mondo con quelli venduti sui mercati secondari. Per fare ciò applichiamo il metodo descritto al Punto 8 (Allegato A.3).

La Tabella 3.4 identifica la quota di mercati secondari per categoria merceologica. I risultati indicano che tra il 2011 e il 2013 il 53,6% dei prodotti contraffatti che violano i DPI italiani commercializzati nel mondo sono stati offerti sui mercati secondari; sono stati cioè palesemente venduti come falsi ai consumatori. Questa percentuale varia in base alla categoria merceologica e va dal 14% prodotti alimentari, bevande e tabacco al 68% per orologi e gioielli.

Tabella 3.4. Quota dei mercati secondari per i prodotti contraffatti che violano i DPI, 2011-2013

Settore	Quota mercato secondario
Alimenti, bevande e tabacco	14,35%
Prodotti chimici e affini	15,33%
Prodotti chimici per uso medico e farmaceutico	28,57%
Profumeria e cosmetica	62,61%
Tessuti e altri prodotti intermedi (ad es. plastica, gomma, carta, legno)	56,10%
Abbigliamento, calzature, articoli in pelle e correlati	60,02%
Orologi e gioielleria	68,35%
Prodotti minerali non metallici (ad es. vetro e prodotti in vetro, prodotti in ceramica)	50,00%
Metalli comuni e prodotti in metallo (tranne macchinari e attrezzature)	27,14%
Apparecchiature elettriche ed elettroniche, prodotti ottici, strumenti scientifici	60,03%
Macchinari, attrezzature industriali, computer e periferiche	46,94%
Veicoli a motore e motocicli	65,29%
Beni per la casa, culturali e per il divertimento	43,26%
Arredi, apparecchi d'illuminazione, tappeti e altri prodotti non classificati altrove	37,59%
Totale	53,62%

È già stato sottolineato che Internet è diventato il mezzo principale per l'incontro tra contraffattori e consumatori. In tale contesto, alcune differenze geografiche meritano attenzione. Ad esempio, in alcuni Paesi emergenti (come Colombia, Malesia o Tailandia) le merci contraffatte prodotte violando i Diritti di Proprietà Intellettualedelle aziende italiane tendono a essere distribuite tramite canali legali e i consumatori possono essere ingannati dal fatto che si trovano in altrettanto legali negozi "tradizionali". Tuttavia, la forma di distribuzione tradizionale tende a ridursi con l'aumento della disponibilità di merci contraffatte su Internet.

Nel contesto delle vendite di prodotti contraffatti che violano la Proprietà Intellettuale italiana, è importante evidenziare che molti prodotti pongono dei gravi rischi per la salute e per la sicurezza per i consumatori. Ad esempio, per quanto riguarda gli occhiali da sole o le lenti oggetto di contraffazione, sono stati svolti alcuni test che hanno rivelato, nello specifico, le tre seguenti non conformità:

- Alcune lenti false possono compromettere la capacità di distinguere i colori. Ne consegue che tali lenti non sono adatte per la guida dato che il conducente non sarebbe in grado di distinguere correttamente i semafori;
- Vi sono poi problemi relativi alla capacità delle lenti false di resistere agli urti. Gli occhiali da sole contraffatti non hanno superato le prove di resistenza agli urti e hanno mostrato una elevata corrosione della montatura;
- Gli occhiali da sole contraffatti che non sono sufficientemente resistenti possono causare allergie a chi indossa la montatura e danneggiare la pelle.

Le componenti contraffatte delle automobili, prodotte originariamente da imprese italiane, sono un altro esempio di prodotti contraffatti che pongono gravi problemi di salute per i consumatori. Ad esempio, Brembo - produttore di freni per auto di lusso - ha dichiarato di essere stato danneggiato dalla contraffazione e in molti casi i prodotti contraffatti sono stati trovati sui mercati primari con lo stesso aspetto dei prodotti autentici (Brembo, 2015). La maggior parte dei freni contraffatti analizzati era stata fabbricata con materiali di scarsa qualità che non avrebbero superato nessun controllo di qualità, era male assemblata e presentava in generale livelli di qualità molto inferiori rispetto ai freni originali. Di conseguenza è probabile che tali freni falsi non funzionassero nello stesso modo degli originali, ponendo quindi rischi molto seri per la sicurezza degli utenti.

Si noti che questi danni in termini di salute e sicurezza non sono facilmente quantificabili e quindi non rientrano nell'ambito di questa analisi.

3.4. L'impatto della contraffazione sulle vendite dei titolari di Diritti di Proprietà Intellettuale italiani

A quanto ammonta il valore delle mancate vendite dai titolari di Diritti di Proprietà Intellettuale italiani a causa della contraffazione dei loro prodotti? Tale valore è calcolato seguendo il metodo descritto al Punto 9 (Allegato A.3).

Il volume totale delle mancate vendite per le aziende italiane a causa della violazione dei loro Diritti di Proprietà Intellettuale nel 2013 per lo scenario 1 è stato pari a 25,1 miliardi di euro, ovvero il 3,1% delle loro vendite complessive nello stesso anno (nazionale + esportazioni). Le imprese produttrici di apparecchiature elettriche ed elettroniche, strumenti ottici e scientifici, nonché quelle operanti nel comparto dei prodotti alimentari e delle bevande sono quelle che hanno subito le maggiori perdite (rispettivamente 4,6 e 4,2 miliardi di euro di mancate vendite nel 2013). In termini di percentuali di vendite, le maggiori perdite si sono registrate nei settori manifatturieri dell'abbigliamento, delle calzature e dei prodotti in pelle; e profumi e cosmetici, con una perdita delle vendite pari rispettivamente a più dell'8,8% e dell'8,5%.

Tabella 3.5. Stima delle mancate vendite per l'industria manifatturiera italiana, 2013

Settore	Valore in milioni di euro	Quota di vendite
Alimenti, bevande e tabacco	4.160,97	3,3%
Prodotti chimici e affini	246,82	0,7%
Prodotti farmaceutici	20,94	0,1%
Profumeria e cosmetica	468,62	8,5%
Tessuti e altri prodotti intermedi (ad es. plastica, gomma, carta, legno)	3.196,46	2,8%
Abbigliamento, calzature, articoli in pelle e correlati	3.534,91	8,8%
Orologi e gioielleria	1.255,37	6,9%
Prodotti minerali non metallici (ad es. prodotti in vetro, prodotti in ceramica)	400,74	1,4%
Metalli comuni e prodotti in metallo (tranne macchinari e attrezzature)	2.948,71	2,2%
Apparecchiature elettriche ed elettroniche, prodotti ottici, strumenti scientifici	4.646,64	8,0%
Macchinari, attrezzature industriali, computer e periferiche	2.626,64	1,9%
Veicoli a motore e motocicli	920,89	2,0%
Beni per la casa, culturali e per il divertimento	318,54	7,6%
Mobili e altre industrie manifatturiere n.c.a.	344,77	1,2%
Settore manifatturiero totale	25.091,02	3,1%

3.5. L'effetto della contraffazione sull'occupazione nell'industria manifatturiera italiana

Il calo delle vendite di prodotti originali italiani protetti da marchi e brevetti si traduce in perdite di posti di lavoro nei settori manifatturieri italiani interessati. Per poter stimare il numero di posti di lavoro persi a causa della violazione di marchi e brevetti italiani nel commercio mondiale, è stato impiegato il modello econometrico di base presentato nell'Allegato A.3 che è stato elaborato sulle stime dei tassi di trasmissione (elasticità) tra calo delle vendite e posti di lavoro persi (Tabella A.4 nell'Allegato A.3).

La Tabella 3.6 riporta il numero totale di posti di lavoro persi in vari rami dell'industria manifatturiera italiana. Complessivamente, il numero totale di posti di lavoro persi a causa della violazione di marchi o brevetti italiani nel commercio mondiale è stato pari a più di 64.300 unità, ovvero il 2,4% del numero totale degli occupati nel settore manifatturiero italiano.

Tabella 3.6. Stima dei posti di lavoro persi nell'industria manifatturiera italiana, 2013

Settore	Numero di dipendenti	Quota di dipendenti
Alimenti, bevande e tabacco	8.510	2,0%
Prodotti chimici e affini	328	0,4%
Prodotti chimici per uso medico e farmaceutico	38	0,1%
Profumeria e cosmetica	673	4,4%
Tessili e altri prodotti intermedi	11.228	1,8%
Abbigliamento, calzature, articoli in pelle e correlati	17.407	5,1%
Orologi e gioielleria	1.091	3,3%
Prodotti minerali non metalliferi	1.916	0,9%
Metalli di base e fabbricazione di prodotti in metallo	7.589	1,1%
Prodotti elettrici, elettronici e ottici, strumenti scientifici	7.176	4,0%
Macchinari, attrezzature industriali, computer e periferiche	5.210	0,8%
Veicoli a motore e motocicli	1.516	0,9%
Beni per la casa, culturali e per il divertimento	429	4,0%
Mobili e altre industrie manifatturiere n.c.a.	1.204	0,5%
Settore manifatturiero totale	64.316	2,4%

Nota: I dipendenti sono misurati in unità equivalenti a tempo pieno secondo la definizione Eurostat (2018).

3.6. Gli effetti della violazione dei Diritti di Proprietà Intellettuale sulle entrate pubbliche

Le mancate vendite e i minori profitti per i titolari di Diritti di Proprietà Intellettuale comportano per lo Stato un minor introito derivante dall'imposta sul reddito delle società. Inoltre, un minor numero di dipendenti si traduce in meno imposte sul reddito delle persone fisiche e meno contributi previdenziali versati. Infine, i volumi di mancate vendite sui mercati nazionali italiani comportano meno IVA sui consumi. Nel 2013 il mancato gettito fiscale ha raggiunto i 5,9 miliardi di euro (Tabella 3.8), pari all'1,9% delle entrate pubbliche totali per il governo italiano riscosse per queste tre tipologie di imposte.

Tabella 3.7. Mancate entrate pubbliche a causa delle violazioni dei DPI italiani nel commercio mondiale, 2013

Tipologia di imposta	Valore in milioni di euro	Quota
IRPEF e contributi previdenziali	2.616,9	1,5%
Imposte sul reddito delle società	1.730,9	4,2%
Imposte sul valore aggiunto	1.508,6	1,6%
Totale	5.856,4	1,9%

Riferimenti

Brembo (2015), *New Anti-Counterfeiting Car Will Protect Buyers of Brembo High Perforance and Racing Products*, Brembo S.p.A, Curno (Bergamo), http://www.brembo.com/en/company/news/brembo-puts-the-brakes-on-counterfeit-products (consultato il 26 febbraio 2018).

Eurostat (2018), *Structural Business Statistics (SBS) and Global Business Activities*, Eurostat, http://ec.europa.eu/eurostat/web/structural-business-statistics.

OCSE/EUIPO (2016), *Trade in Counterfeit and Pirated Goods: Mapping the Economic Impact*, OECD Publishing, Parigi, http://dx.doi.org/10.1787/9789264252653-en.

UN Trade Statistics (2017), *Harmonized commodity description and coding systems (HS)*, Nazioni Unite, Ginevra, https://unstats.un.org/unsd/tradekb/Knowledgebase/50018/Harmonized-Commodity-Description-and-Coding-Systems-HS.

4. Quali sono le conseguenze per l'Italia in termini generali?

Questo studio presenta gli effetti economici diretti della contraffazione sui consumatori italiani, sul settore manifatturiero e del commercio al dettaglio, e sul governo italiano. I risultati dello studio rappresentano un supporto per i decision-maker del settore pubblico e privato nella formulazione di risposte efficaci, coesive e suffragate da elementi concreti al rischio della contraffazione. Inoltre, il metodo sviluppato per il presente studio può essere riutilizzato per determinare periodicamente la portata dei danni causati dalla contraffazione sull'economia italiana.

4.1. Il commercio di prodotti contraffatti: l'impatto complessivo sull'Italia

Il presente studio valuta quantitativamente il valore e la portata del commercio di prodotti contraffatti e piratati in Italia e misura alcuni dei suoi effetti su consumatori, occupazione, vendite e gettito fiscale nel Paese.

L'analisi considera due particolari categorie di impatti: quelli derivanti dalle importazioni di prodotti contraffatti e piratati in Italia e quelli conseguenti al commercio mondiale di prodotti che violano i Diritti di Proprietà Intellettuale italiani. Combinando i risultati si ottiene un'idea dell'impatto complessivo del commercio di prodotti contraffatti sui consumatori, sui titolari di Diritti di Proprietà Intellettuale, e sul governo italiano.[1]

Riguardo all'impatto totale del commercio di prodotti contraffatti in Italia, le statistiche più attendibili disponibili mostrano che nel 2013 il danno totale ai consumatori per essere stati ingannati dai contraffattori ammontava a quasi 2 miliardi di euro. Nel 2013, le mancate vendite per il settore del commercio all'ingrosso e al dettaglio in Italia hanno raggiunto i 23,6 miliardi di euro, pari al 4,1% delle vendite totali dello stesso anno. Il volume totale delle mancate vendite per i titolari di diritti italiani a causa della violazione dei loro Diritti di Proprietà Intellettuale nel 2013 è stato pari a 55,5 miliardi di euro, ovvero il 4,4% delle loro vendite totali nello stesso anno. Questa diminuzione delle vendite si traduce quindi in posti di lavoro persi e in minor gettito fiscale (Tabella 4.1).

Tabella 4.1. Impatto diretto totale del commercio di prodotti contraffatti e piratati nel contesto italiano, 2013

Totale mancate vendite (Ingrosso e dettaglio)		Totale mancate vendite (Titolari di Diritti di Proprietà Intellettuale italiani)		Totale posti di lavoro persi		Totale mancato gettito fiscale	
6,9 miliardi di euro	2,7% delle vendite	25,1 miliardi di euro	3,1% delle vendite	87.800 posti di lavoro persi	1,97% della popolazione impiegata in un lavoro a tempo pieno	9,6 miliardi di euro	0,9% del PIL italiano

Una valutazione dei danni complessivi causati da pirateria e contraffazione all'economia italiana può essere svolta comparando la portata delle perdite provocate dalla contraffazione in Italia con quelle causate dalla violazione dei Diritti di Proprietà Intellettuale delle imprese italiane.

In termini assoluti, le perdite subite a causa della violazione della Proprietà Intellettuale italiana all'estero sono molto maggiori rispetto a quelle dovute all'importazione di prodotti contraffatti in Italia. In termini di danni all'Erario italiano, il mancato gettito fiscale è stato di 5,9 miliardi di euro rispetto ai 3,7 miliardi causati dalle importazioni di falsi in Italia. Ciò richiede il coinvolgimento forte e costante dell'Italia nelle iniziative internazionali, plurilaterali e multilaterali volte a contrastare il rischio posto dal commercio di prodotti contraffatti e piratati.

Sembra che siano due i motivi principali per cui l'impatto della violazione della Proprietà Intellettuale italiana all'estero è molto più grave rispetto alle importazioni di prodotti contraffatti in Italia:

- In primo luogo, i prodotti offerti dalle imprese italiane sono particolarmente interessanti per i contraffattori a causa del loro carattere innovativo, della loro alta qualità e dell'ottima reputazione di cui godono. Ciò significa che globalmente il commercio di prodotti contraffatti e piratati pone un'enorme minaccia alle aziende italiane in quanto può comprometterne gli sforzi di innovazione e gli investimenti.

- In secondo luogo, l'Italia ha un solido sistema di risposta a livello di governance che sembra riuscire a ridurre i danni globali delle importazioni di merci contraffatte in Italia e mitigare la domanda di prodotti contraffatti in Italia. Ciò trova conferma in vari studi che rilevano una bassissima tolleranza per i prodotti contraffatti tra i consumatori italiani (EUIPO, 2017).

Inoltre molti prodotti contraffatti venduti in Italia sono componenti elettrici ed elettronici, spesso venduti sui mercati primari a consumatori ignari. Questi prodotti sono offerti da soggetti che non rispettano le garanzie; i prodotti stessi spesso pongono importanti rischi per la salute e la sicurezza a consumatori inconsapevoli, come documentato da vari studi (UL, 2015). Ciò significa, anche, che il coordinamento intergovernativo degli sforzi per contrastare la contraffazione è essenziale per tenere conto degli impatti che potrebbero rientrare nell'ambito di interesse di tutte le agenzie coinvolte (come ad esempio quelle che si occupano di salute e sicurezza o di impatto ambientale).

Per quanto riguarda la violazione della Proprietà Intellettuale dei prodotti italiani a livello mondiale, molti prodotti oggetto di violazione sono fabbricati da piccole e medie imprese italiane. Nella maggior parte dei casi questi prodotti vantano un'ottima reputazione e diventano quindi obiettivi estremamente redditizi per i contraffattori. Allo stesso tempo le piccole e medie imprese non dispongono delle risorse e delle capacità sufficienti per monitorare questa minaccia e per sviluppare contromisure efficaci. Ciò significa che per le PMI le conseguenze negative possono essere molto più gravi di quelle che colpiscono le grandi aziende, che dispongono di capacità ed esperienza per gestire i rischi di contraffazione. Ciò rafforza il richiamo a una maggiore collaborazione negli interventi internazionali di contrasto al commercio di prodotti contraffatti.

In generale, questo studio presenta un'analisi quantitativa sulla portata della contraffazione nel contesto italiano e delle conseguenze negative in termini di occupazione, danno ai consumatori e gettito fiscale. Lo studio sviluppa un metodo per misurare la portata e le dimensioni del commercio di beni contraffatti in Italia e per quantificarne l'impatto economico diretto. Esso si basa principalmente su un insieme unico di dati internazionali sui sequestri effettuati in dogana, oltre a interviste strutturate con esperti del settore del commercio e dell'Agenzia delle Dogane e dei Monopoli italiana.

In particolare, le stime più attendibili disponibili basate sui dati delle autorità doganali indicano che contraffazione e pirateria a livello globale nel 2013 hanno causato la perdita di quasi 87.800 posti di lavoro in Italia. Nello stesso anno, il commercio di prodotti contraffatti ha causato un mancato gettito fiscale di quasi 26 miliardi di euro per il governo italiano.

Le dimensioni del problema e la portata delle sue conseguenze devono restare una priorità importante sia per i politici italiani che per il settore privato del Paese. Le implicazioni per il futuro sono rilevanti, ivi comprese quelle per le attività a più elevato valore aggiunto e quelle per il potenziale di innovazione, entrambe fonti di crescita economica a lungo termine.

4.2. Migliorare le analisi

Anche se le informazioni sul commercio di prodotti contraffatti e piratati sono notevolmente migliorate negli ultimi anni, manca ancora ciò che è necessario per una solida analisi che funga da base per le decisioni politiche. La ricerca futura sulle tecniche di misurazione e sui metodi di raccolta dati potrebbe contribuire ad affinare l'analisi e a colmare le lacune dei dati. Le principali problematiche legate ai dati che sono state identificate nel presente studio fanno riferimento a:

- mancanza di compatibilità e completezza dei dataset esistenti, per cui si rende necessaria una maggiore armonizzazione nella raccolta dei dati;
- lacune informative sul comportamento dei consumatori, in particolare rispetto ai tassi di sostituzione, per cui servirebbero maggiori sondaggi e esperimenti;
- difficoltà nel quantificare alcuni impatti della contraffazione, ad esempio gli effetti sulla salute e sulla sicurezza dei consumatori; per questo sarebbero necessari sforzi più coordinati.

In merito alla mancanza di compatibilità e completezza dei dataset esistenti, i dataset esistenti e i quadri di riferimento per la raccolta dati potrebbero essere impiegati in maniera più efficace al fine di migliorare la nostra comprensione dei molteplici aspetti del fenomeno della contraffazione e della pirateria. Purtroppo, come ha rivelato l'analisi, questi dataset e i quadri di riferimento per la raccolta dati sono spesso contrastanti o incompleti.

Dato che sono state utilizzate diverse tassonomie per creare dataset indipendenti, essi risultano spesso incompatibili. Cercare di allinearli può essere estremamente laborioso, se non addirittura impossibile. Ad esempio, da un lato, i dataset sui sequestri di merci contraffatte sono state create dalle tassonomie relative al commercio (come il Sistema Armonizzato dell'Organizzazione Mondiale delle Dogane [OMD]), mentre dall'altro i dati sull'attività industriale si basano sulla categorizzazione ISIC (International Standard Industrial Classification) per tutte le attività economiche. Confrontando questi dataset sostanzialmente incompatibili si potrebbero ottenere moltissime informazioni aggiuntive, ad esempio in merito ai punti di produzione dei prodotti contraffatti.

Per risolvere il problema, si rende necessaria una maggiore uniformità nella raccolta dati e nei processi di armonizzazione. Ad esempio il CEN (Customs Enforcement Network), un sistema di reportistica sviluppato dalle agenzie doganali attraverso l'Organizzazione Mondiale delle Dogane (OMD), offre uno dei metodi più promettenti per migliorare le informazioni relative a violazioni di prodotti contraffatti e piratati. Tale sistema definisce i parametri per la comunicazione di informazioni su prodotti sequestrati/intercettati. Il Sistema armonizzato dell'OMD, ad esempio, fornisce una nomenclatura codificata per oltre 5.200 articoli; utilizzandola al livello di dettaglio a sei cifre sarebbe possibile ottenere indicazioni specifiche sui prodotti oggetto di intercettazione sequestro.

Oltre all'attività ulteriore di sviluppo e armonizzazione dei dataset esistenti, molto può e dovrebbe essere fatto per colmare le lacune in materia di informazione relative ai comportamenti dei consumatori e per migliorare la comprensione di tali comportamenti in rapporto all'acquisto di merci contraffatte. Ciò fa riferimento, in particolare, alla stima dei tassi di sostituzione, essenziali nell'analisi degli effetti della pirateria e della contraffazione sui titolari di diritti, ma difficili da sviluppare utilizzando gli strumenti economici ed econometrici tradizionali.

Vi sono due modi sostanziali per valutare il tasso di sostituzione: sondaggi e studi economici. Indipendentemente dal metodo prescelto, i presupposti alla base degli approcci dovrebbero essere chiari, così come dovrebbero esserlo le motivazioni economiche; la trasparenza è essenziale. Gli esiti dovrebbero essere valutati in termini di ragionevolezza e, ove possibile, essere soggetti ad analisi di sensitività per determinare in che modo le variazioni nei presupposti chiave incidono su di essi.

Vi sono diversi ambiti della contraffazione e del commercio di prodotti contraffatti per cui non esiste un metodo chiaro o condiviso per misurare le conseguenze, pertanto la quantificazione di determinati impatti diventa difficile. Fra questi vi sono i danni ambientali dovuti all'uso di prodotti chimici contraffatti di scarsa qualità e gli effetti nocivi dei prodotti contraffatti sulla salute e la sicurezza dei consumatori.

In merito a quest'ultimo punto vi sono numerosi rapporti aneddotici sugli effetti nocivi che i prodotti contraffatti possono avere sulla salute e sulla sicurezza pubbliche o sull'ambiente. Tali rapporti tuttavia hanno un ambito limitato. Un approccio più sistematico e più ampio per lo sviluppo di dati in quest'area si rivela dunque necessario: un suggerimento è stato già formulato in un rapporto dell'OCSE sull'impatto della contraffazione e della pirateria (OCSE, 2008). Lo studio presentava un potenziale metodo per sviluppare informazioni sui farmaci falsificati secondo (Liang et al., 2007). In un "sistema di segnalazione per la sicurezza dei pazienti", pazienti, operatori sanitari e fornitori avrebbero fornito il proprio contributo. In tal modo le attività di segnalazione non sarebbero rimaste appannaggio dei professionisti e dei titolari di diritti, ma avrebbero coinvolto anche i consumatori. Per agevolare le attività di segnalazione, era stata caldeggiata l'adozione di misure atte a fornire contributi via e-mail, Internet (tramite piattaforme web-based), posta o fax. Sebbene il sistema fosse destinato esclusivamente ai prodotti farmaceutici, avrebbe potuto essere adattato per un suo maggiore impiego.

Si stanno facendo passi avanti, in modo più sistematico, nella raccolta di dati sugli effettinocivi, in particolare nel settore farmaceutico. Recentemente l'Organizzazione Mondiale della Sanità ha creato IMPACT, una taskforce internazionale contro la falsificazione dei prodotti medicinali (OMS, 2011). Tra i vari obiettivi, la taskforce intende sviluppare informazioni accessibili e affidabili sulla natura e la portata del problema. IMPACT ha semplificato il processo e gli strumenti per segnalare farmaci falsificati e la raccolta dati è adesso agevolata dal RAS (Rapid Alert System, Sistema di Allarme Rapido) (OMS, 2013), una piattaforma web-based per le segnalazioni accessibile a tutti i soggetti interessati.

4.3. Fasi successive

La metodologia esclusiva elaborata per questo studio può prestarsi a innumerevoli ulteriori esercizi, quali ad esempio studi su altri Paesi, che potrebbero poi portare a un lavoro di comparazione. Le potenzialità di altri case study sono particolarmente interessanti in presenza di dati e di evidenze in grado di dimostrare le conseguenze significative delle violazioni.

La metodologia potrebbe essere poi riapplicata ripetutamente e con successo per determinare i cambiamenti relativi in termini di portata e di effetti della contraffazione e della pirateria in Italia. Inoltre il metodo offre una certa flessibilità nel recepire i miglioramenti nel campo della ricerca, ad esempio in merito ai tassi di sostituzione. Questo potrebbe portare a un'analisi più dettagliata in grado di produrre un quadro più completo del commercio di prodotti contraffattie e piratati, e delle conseguenze negative sui titolari di diritti, sui governi e sui consumatori in Italia.

Riferimenti

Liang, B. et al. (2007), "The Patient Safety and Quality Improvement Act of 2005: Provisions and Potential Opportunities", *American Journal of Medical Quality*, Vol. 22/1, pp. 8-12

OCSE (2008), *The Economic Impact of Counterfeiting and Piracy*, OECD Publishing, Parigi, http:// http://www.oecd.org/sti/ind/theeconomicimpactofcounterfeitingandpiracy.htm.

UL (2016), "Counterfeit iPhone adapters", UL, Montreal, http://library.ul.com/wp-content/uploads/sites/40/2016/09/10314-CounterfeitiPhone-WP-HighRes_FINAL.pdf.

OMS (2011), *International Medical Products Anti-Counterfeiting Taskforce (IMPACT): The Handbook. Facts, Activities, Documents Developed by the Assembly and the Working Groups, 2006-2010*, Organizzazione Mondiale della Sanità, Ginevra, http://apps.who.int/medicinedocs/en/d/Js20967en/.

OMS (2013), *WHO Global Surveillance and Monitoring System*, Organizzazione Mondiale della Sanità, Ginevra, http://www.who.int/medicines/regulation/ssffc/surveillance/en/.

.

Nota

1 Si noti che la metodologia tiene conto del problema del "doppio conteggio", derivante dall'importazione di prodotti contraffatti in Italia che violano i Diritti di Proprietà Intellettuale delle aziende italiane. Ciò avviene scomponendo i dati sui sequestri e identificando l'Italia come l'economia di residenza dei titolari i cui Diritti di Proprietà Intellettuale sono stati violati. Inoltre, il quadro di riferimento tiene conto solo delle aree in cui è stato possibile eseguire una quantificazione; l'impatto non devono essere, assolutamente , interpretato come l'impatto totale del commercio di prodotti contraffatti in Italia.

Allegato A. Note metodologiche

A.1. I dati

L'esatta quantificazione e misurazione delle perdite provocate dai prodotti contraffatti che vengono introdotti illegalmente in Italia e dalle violazioni dei DPI dei titolari di diritti di PI residenti in Italia nel commercio mondiale per i consumatori italiani, il commercio all'ingrosso e al dettaglio e il governo potrebbe risultare aleatoria in quanto la natura illegale della contraffazione implica che i dati disponibili sono verosimilmente ben lontani dal produrre gli elementi necessari per formulare una solida analisi e definire delle politiche (Riquadro A.1). In altre parole, qualsiasi analisi quantitativa del settore del commercio di prodotti contraffatti deve iniziare con il determinare il tipo di dati statistici disponibili utili ad analizzare in modo più approfondito il fenomeno.

Riquadro A.1. Limiti dei dati

È importante sottolineare che i dati relativi alla contraffazione e alla pirateria sono scarsi e incompleti. Sebbene negli ultimi anni siano stati osservati progressi sul fronte della raccolta dei dati, la qualità delle statistiche disponibili sulla contraffazione e sulla pirateria necessita ancora di significativi miglioramenti. Pertanto, nelle fasi di sviluppo e applicazione di un quadro metodologico utile a quantificare gli effetti del commercio di merci contraffatte si dovrebbero tenere presenti tre elementi.

1. Il quadro sviluppato nell'ambito del presente studio non pretende di quantificare tutti gli impatti del commercio di merci contraffatte e piratate sull'economia italiana, bensì esamina le aree in cui è possibile effettuare una quantificazione, individuando, allo stesso tempo, gli ambiti di lavoro necessari per meglio comprendere in che modo il commercio di merci contraffatte e piratate incide complessivamente sulle economie e sulle società.

2. Per quelle aree in cui non è stato possibile eseguire una quantificazione, il quadro si basa su un insieme di ipotesi metodologiche. Per finalità di trasparenza, tali ipotesi sono definite in maniera chiara nel testo.

3. Il quadro lascia spazio a ulteriori modifiche metodologiche soggette a futuri miglioramenti a livello di dati, come, ad esempio una misurazione più precisa dei tassi di sostituzione da parte dei consumatori tra prodotti autentici e contraffatti.

Ai fini dell'elaborazione della presente analisi sono stati consultati tre tipi di dati, ciascuno presentato nelle sezioni che seguono:

- i dati relativi ai sequestri di prodotti contraffatti e piratati effettuati dalle autorità doganali e dalle Forze dell'Ordine (IPERICO e OCSE/EUIPO (2016));
- le statistiche sulle importazioni;
- altri dati, come il comportamento dei consumatori nei confronti dei prodotti contraffatti, e dati micro e macroeconomici di contesto.

Dati relativi ai sequestri di prodotti contraffatti introdotti illegalmente in Italia

Le informazioni disponibili più attendibili sull'introduzione illegale di prodotti contraffatti in Italia provengono dalla banca dati IPERICO (si veda il Riquadro A.2). Le informazioni riguardanti le violazioni nel commercio mondiale dei DPI di titolari di diritti di PI residenti in Italia sono estrapolate dalla banca dati sui sequestri in dogana di prodotti che violano la PI effettuati in tutto il mondo, presentata nel rapporto OCSE/EUIPO (2016).

Riquadro A.2. La banca dati IPERICO

La banca dati IPERICO (Intellectual Property – Elaborated Report of the Investigation on Counterfeiting) raccoglie informazioni sui sequestri effettuati dalle Forze dell'Ordine italiane che svolgono attività di contrasto alla contraffazione. La banca dati è stata sviluppata sotto la guida del Ministero dello Sviluppo Economico, Direzione Generale per la Lotta alla Contraffazione – Ufficio Italiano Brevetti e Marchi (DGLC-UIBM), con il supporto di un pool di esperti di Guardia di Finanza, Agenzia delle Dogane e dei Monopoli e del Servizio Analisi Criminale del Ministero dell'Interno.

I dataset originali si basano sugli inserimenti di dati raccolti ed elaborati dall'Agenzia delle Dogane e dei Monopoli e dai funzionari delle Forze dell'Ordine e, come per tutti gli altri dati di carattere amministrativo, prima di essere utilizzati nell'ambito della presente analisi quantitativa sono stati oggetto di attenta valutazione. In particolare, l'armonizzazione tra le banche dati dell'Agenzia delle Dogane e dei Monopoli e quelle della Guardia di Finanza ha portato alla creazione di una banca dati unica che riunisce i dati prodotti dalle due organizzazioni. Le diverse limitazioni correlate alla creazione di questa banca dati unica, inclusi i livelli di classificazione dei prodotti e le valutazioni, sono state esaminate accuratamente dalla DGLC-UIBM; le stesse sono sintetizzate nell'ultimo rapporto pubblicato DGLC-UIBM (2017).

Di conseguenza, la banca dati contiene molteplici informazioni sulle merci che violano i DPI introdotte illegalmente in Italia e può essere usata per una dettagliata analisi, sia qualitativa che quantitativa. Nella maggior parte dei casi la banca dati contiene informazioni di tipo generico, come ad esempio la data del sequestro, la regione in cui i beni sono stati sequestrati, l'economia di provenienza nel caso di sequestri effettuati in dogana e la categoria merceologica, ma anche descrizioni più dettagliate, come ad esempio il nome del legittimo titolare del marchio, il numero di prodotti sequestrati e il loro valore stimato.

Fonte: DGLC-UIBM (2017)

Va sottolineato che le informazioni contenute nelle banche dati IPERICO e OCSE/EUIPO (2016) si riferiscono ad attività anticontraffazione e non al fenomeno contraffattivo in senso ampio. Pertanto, non potrebbero essere considerate come una misurazione diretta del fenomeno con valore statistico certificabile.

Ne consegue che la prima fase in entrambe le analisi sviluppate più avanti consiste nel misurare, con la dovuta attenzione, il valore effettivo dei prodotti contraffatti introdotti illegalmente in Italia (Fase 1) e il valore effettivo delle violazioni di marchi e brevetti italiani nel commercio mondiale (Fase 7). Tale valutazione viene svolta sulla base della solidità e delle limitazioni della banche dati IPERICO e OCSE/EUIPO (2016), nonché della metodologia GTRIC sviluppata dall'OCSE/EUIPO (2016).

Le statistiche sulle importazioni

Le statistiche sulle importazioni italiane utilizzate in questo rapporto si basano sulla banca dati Comtrade delle Nazioni Unite UN Trade Statistics (2018). Con 171 economie dichiaranti e 247 economie partner, Comtrade è considerata la banca dati sul commercio più completa attualmente disponibile. Le statistiche sulle importazioni sono compilate a partire dai documenti archiviati presso le autorità doganali italiane. Ciò riveste carattere di particolare importanza ai fini del presente studio, in quanto tutti i dati relativi al commercio impiegati nell'esercizio statistico (importazioni e dati sui sequestri effettuati in dogana di prodotti che violano la PI) provengono dalla medesima fonte: gli uffici doganali del luogo di destinazione.

All'interno della banca dati Comtrade delle Nazioni Unite i prodotti sono registrati in base a un sistema armonizzato (SA) a sei cifre (UN Trade Statistics, 2017), quindi a un livello di dettaglio elevato. Allo stesso tempo, questo indica anche la creazione di una tassonomia unica che consente di unire quei dati sulle importazioni di prodotti autentici con i dati sui sequestri di prodotti contraffatti inclusi nella banca dati IPERICO. Ne deriva che l'analisi dell'impatto condotta nel presente studio riguarda le seguenti categorie merceologiche: abbigliamento, calzature, pelle e prodotti correlati; profumi, cosmetici e altri articoli per la cura del corpo; computer e attrezzature informatiche; apparecchiature elettriche ed elettroniche; giocattoli, giochi e articoli sportivi; orologi e gioielli; altri prodotti.

Le tabelle di corrispondenza tra la tassonomia unica, il sistema di classificazione SA e le categorie merceologiche definite nel contesto della banca dati IPERICO sono presentate nell'Allegato B.

Dati aggiuntivi

Al fine di sviluppare una metodologica utile per misurare l'impatto economico del commercio di prodotti falsi sono state usate altre informazioni statistiche, tra cui:

- informazioni statistiche sulla produzione settoriale in Italia, sulle vendite, sull'occupazione e sui salari, estrapolate dalla banca dati Eurostat (Eurostat, 2018). Le tabelle di corrispondenza tra la classificazione delle attività economiche per il settore manifatturiero e del commercio all'ingrosso e al dettaglio usate dalla classificazione Eurostat (NACE) e del Sistema armonizzato (SA), utilizzata per calcolare sia le violazioni di DPI italiani nel commercio mondiale sia le importazioni di prodotti falsi in Italia, sono presenti nell'Allegato B;
- informazioni statistiche sulle imposte applicate in Italia estrapolate dall'OCSE TAX Database (OCSE, 2018);
- informazioni sui tassi di sostituzione di prodotti autentici con prodotti contraffatti per i consumatori (come illustrato nel seguito del presente studio) contenute in vari studi accademici e indagini rivolte ai consumatori.

Una discussione più dettagliata di questi dataset è presentata nel seguito del presente Allegato.

A.2. Misurazione degli impatti diretti causati dall'introduzione illegale di prodotti contraffatti in Italia

Come descritto nel Capitolo 2, le aree d'impatto dei prodotti contraffatti introdotti illegalmente in Italia possono essere calcolate procedendo attraverso una serie di fasi (Figura A.1), tra cui:

1. la valutazione del valore dei prodotti contraffatti introdotti illegalmente in Italia
2. la stima del valore di tali prodotti venduti sui mercati primari e secondari

3. la stima del danno ai consumatori
4. la stima delle mancate vendite per i commercianti all'ingrosso e al dettaglio
5. la stima della perdita dei posti di lavoro nel commercio all'ingrosso e al dettaglio
6. la stima del mancato gettito fiscale.

Figura A.1. Fasi dell'analisi degli effetti economici delle importazioni di prodotti contraffatti in Italia

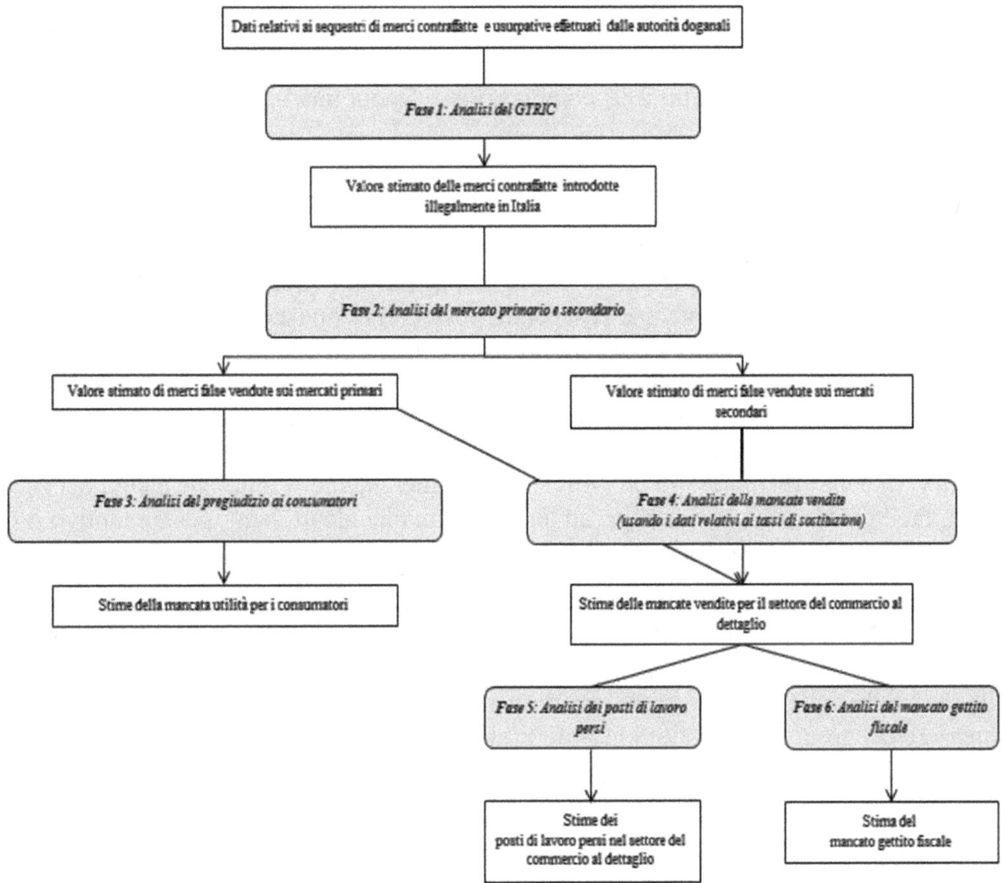

Fase 1: Stima del valore delle importazioni di prodotti contraffatti e piratati

La prima fase implica la personalizzazione delle banche dati sui sequestri di prodotti che violano la PI da parte delle dogane e sulle importazioni di prodotti autentici al fine di stimare il valore delle importazioni di prodotti contraffatti in Italia per categoria merceologica ed economia di provenienza. Questo dataset parziale ha costituito la base per l'analisi dell'impatto.

Il compito principale di questa fase è applicare la metodologia GTRIC (General Trade-Related Index of Counterfeiting) sviluppata dall'OCSE/EUIPO (2016) alla banca dati dei sequestri effettuati in dogana al fine di misurare il valore dei prodotti contraffatti introdotti illegalmente in Italia per ciascuna categoria merceologica ed economia di provenienza identificata. La metodologia GTRIC permette di prendere in considerazione il contesto specifico del commercio in Italia e si basa su due principali componenti econometriche (per maggiori dettagli, si veda l'Allegato A.4 e OCSE/EUIPO, 2016:

- Gli indici GTRIC per le economie (GTRIC-e) e per i prodotti (GTRIC-p). GTRIC-e è un indice che classifica le economie in base alla loro relativa probabilità di essere un'economia di provenienza di prodotti contraffatti introdotti illegalmente in Italia. GTRIC-p è un indice che classifica i settori economici in base alla loro relativa propensione a essere oggetto di contraffazione.
- La matrice GTRIC, ottenuta combinando insieme gli indici GTRIC-e e GTRIC-p. Questa matrice assegna una probabilità relativa per ciascun tipo di prodotto importato da una data economia di provenienza che sarà soggetto alla contraffazione rispetto alla combinazione "economia - categoria merceologica" più vulnerabile.

In modo particolare, vengono formulati due postulati per calcolare i vettori GTRIC. Il primo postulato assume che il volume dei sequestri di un determinato prodotto o di un prodotto proveniente da una data economia di origine sia correlato positivamente alla frequenza effettiva delle importazioni di beni contraffatti in quella categoria merceologica o proveniente da quella economia. Il secondo postulato riconosce che tale relazione non è lineare in quanto potrebbero sussistere pregiudizi nelle procedure di individuazione dei prodotti e di sequestro degli stessi. Ad esempio, il fatto che determinati prodotti che violano la PI siano individuati dalle autorità doganali o dalle Forze dell'Ordine con maggiore frequenza in specifiche categorie potrebbe implicare che le differenze in termini di fattori di contraffazione tra i prodotti riflettano meramente il fatto che alcuni beni sono di più facile individuazione rispetto ad altri, oppure che alcuni beni, per un motivo o per l'altro, sono stati specificatamente oggetto di ispezione.

Se da un lato la matrice GTRIC non offre una misura diretta dell'entità complessiva delle importazioni di prodotti contraffatti, essa stabilisce dall'altro relazioni statistiche che sono utili per assolvere a questa finalità. Più in particolare, l'applicazione della matrice GTRIC alle statistiche sulle importazioni di prodotti autentici consente di misurare il valore limite superiore dei prodotti contraffatti introdotti illegalmente in Italia.

Analogamente all'approccio utilizzato nel documento dell'OCSE/EUIPO (2016), il presente metodo fissa un limite superiore di contraffazione (in percentuale di importazioni) per le principali combinazioni "economia di provenienza - categoria merceologica" che sono più vulnerabili alla contraffazione, ovvero, che hanno la probabilità relativa più elevata di essere soggette a contraffazione (punteggio GTRIC più elevato). In linea con quanto definito nello studio dell'OCSE/EUIPO (2016), questi valori sono definiti "punti fissi".

Sulla base di riunioni con focus group e di interviste con funzionari doganali, nella loro principale analisi sul commercio di merci contraffatte, l'OCSE e l'EUIPO (2016) hanno misurato sei punti per una gamma di sei combinazioni "economia di provenienza - categoria merceologica" caratterizzate dalle quote più elevate di prodotti contraffatti. I risultati sono stati affinati usando un insieme di dati aggiuntivi sui sequestri effettuati in azioni mirate forniti dall'Ufficio Europeo per la Lotta Antifrode (OLAF).

Una volta stabiliti e combinati con le probabilità relative incluse nella matrice GTRIC, i punti fissi consentono di determinare la percentuale di prodotti contraffatti contenuti in ciascuna combinazione "economia di provenienza - categoria merceologica". Tali percentuali vengono poi applicate alle statistiche esistenti sulle importazioni di prodotti autentici al fine di stimare il valore totale delle importazioni di prodotti contraffatti in Italia.

Fase 2: Stima del valore di prodotti contraffatti venduti sui mercati primari e secondari

Dalla valutazione dell'impatto economico attribuibile alle importazioni di prodotti contraffatti e piratati in Italia sul settore nazionale del commercio all'ingrosso e al dettaglio, sui consumatori e sul governo, emergono due quesiti di fondamentale importanza. In primo luogo, qual è la proporzione dei prodotti contraffatti venduti sui mercati primari rispetto a quelli venduti sui mercati secondari in Italia? La seconda è: all'interno dei mercati secondari, qual è il tasso con il quale ogni acquisto di prodotti contraffatti da parte dei consumatori italiani sostituisce un acquisto di prodotti autentici?

Per quanto attiene al primo quesito, ogni articolo contraffatto venduto su un mercato primario rappresenta chiaramente una perdita diretta per il settore del commercio all'ingrosso e al dettaglio. Nei mercati secondari, tuttavia, soltanto una quota di consumatori avrebbe deliberatamente sostituito i propri acquisti di prodotti contraffatti con prodotti autentici, poiché consapevoli di stare acquistando prodotti non originali. Il problema principale sta quindi nelle modalità di calcolo del tasso di sostituzione dei consumatori, ovvero, la misura in cui ogni acquisto illegale consapevole sostituisce una vendita legale.

Stima della quota di prodotti contraffatti venduti sui mercati primari e secondari

Al fine di distinguere i contraffattori di prodotti contraffatti destinati alla vendita sui mercati primari da quelli destinati alla vendita sui mercati secondari, si calcola la differenza di prezzo tra i due tipi di prodotti non originali. Per ciascun sequestro inserito nella banca dati, le autorità doganali italiane indicano il valore dichiarato dei prodotti, la quantità sequestrata, il codice SA del prodotto e il marchio che è stato violato. Ciò consente di determinare il valore unitario di ciascuna combinazione "marchio - tipo di prodotto" sequestrato (dove il termine *"marchio"* include il marchio commerciale o brevetto associato). Tali valori unitari possono servire per approssimare i prezzi al dettaglio di prodotti non autentici.

Per ciascun tipo di prodotto associato a un determinato marchio commerciale o brevetto, i prezzi dei prodotti sequestrati sono usati per stimare un intervallo di confidenza che contiene l'effettivo prezzo al dettaglio del corrispondente articolo autentico. I prodotti contraffatti i cui prezzi unitari, calcolati secondo le modalità appena descritte, sono più alti o rientrano in tale intervallo vengono quindi classificati come destinati alla vendita sul mercato primario. Gli articoli i cui prezzi sono al di sotto di tale intervallo sono classificati come destinati al mercato secondario.

Formalmente, supponiamo che $\mathrm{s_c}$ e $\mathrm{\bar{s}_c}$ indichino, rispettivamente, il valore delle importazioni e la quantità di un qualsiasi sequestro di prodotti contraffatti da parte delle autorità doganali, dove $c \in \{1, \dots, N\}$ è l'intervallo dei sequestri doganali e N il relativo numero totale. $p_c = s_c/\bar{s}_c$ si riferisce quindi al valore unitario di ciascun sequestro in dogana e può servire per approssimare il relativo prezzo unitario. Supponiamo che $p_{bp} = \left(\sum_{c\in\{bp\}} p_c\right)/N_{bp}$ sia il prezzo medio (non ponderato) di qualsiasi tipo di prodotto p associato al marchio o brevetto b, dove N_{bp} è il numero totale di sequestri effettuati in dogana segnalati per questa combinazione "marchio-categoria merceologica". La deviazione standard di questo prezzo è indicata con σ_{bp}.

X_c è definito come una variabile (binaria) dicotomica che assume il valore di 0 se i prodotti non originali inclusi nella spedizione sequestrata erano destinati ad essere venduti sul mercato primario, o il valore di 1 se essi erano destinati al mercato secondario. In conformità con le argomentazioni menzionate nel testo principale, si assume che X_c sia definito come segue:

$$X_c = \begin{cases} = 0 \text{ se } p_c \in \left[p_{bp} - \dfrac{1{,}96 \times \sigma_{bp}}{\sqrt{N_{bp}}};\ \max_{c\in\{bp\}} p_c\right] \\ = 1 \text{ se } p_c \in \left[\min_{c\in\{bp\}} p_c;\ p_{bp} - \dfrac{1{,}96 \times \sigma_{bp}}{\sqrt{N_{bp}}}\right[\end{cases};\qquad \forall c\{bp\}$$

Ne deriva che la quota di prodotti venduti sul mercato primario può essere calcolata in base alla categoria merceologica, τ_p^1, e/o per l'intero volume di importazioni di merci false, ed è data da:

$$\tau_p^1 = \left(\sum_b \sum_c x_c s_c\right) / \left(\sum_b \sum_c s_c\right), \quad \forall c\epsilon\{bp\}$$

Ad esempio, la Figura A.2 mostra la distribuzione dei prezzi di orologi Rolex contraffatti, sequestrati dalle autorità doganali italiane tra il 2011 e il 2013. L'uso della metodologia sopra riportata indica che la maggior parte degli orologi Rolex falsi con prezzi inferiori ai 250 euro era destinata al mercato secondario, mentre quelli con valori superiori ai 250 euro (osservazioni al centro e a destra della distribuzione) erano destinati al mercato primario.

Figura A.2. Distribuzione dei prezzi degli orologi Rolex contraffatti sequestrati dalle autorità doganali italiane, 2011-2013

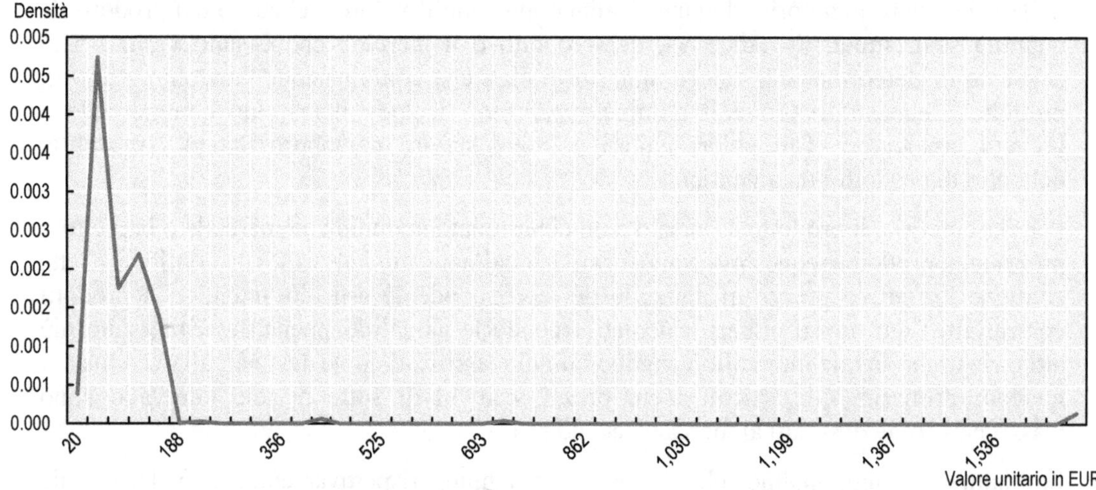

Tassi di sostituzione sui mercati secondari

Nei mercati secondari, i consumatori acquistano consapevolmente prodotti che violano la PI. Il problema sta quindi nello stimare con quale probabilità i consumatori avrebbero acquistato il prodotto autentico al suo prezzo intero. È evidente che questi tassi di sostituzione variano in base al settore e all'economia dal momento che fattori quali la qualità del prodotto, i canali di distribuzione e le informazioni sul prodotto disponibili possono differire significativamente. Tali tassi dipendono anche dalle motivazioni che spingono il consumatore ad acquistare beni contraffatti e piratati. Ad esempio, alcuni consumatori acquistano prodotti contraffatti per divertimento, senza che ciò possa quindi fornire un orientamento sui valori specifici da utilizzare.

Come si è detto, il tasso di sostituzione rappresenta il tasso ipotizzato secondo cui un consumatore sarebbe disponibile a passare dall'acquisto di un prodotto contraffatto all'acquisto di un prodotto originale. In altri termini, questa analisi del tasso di sostituzione prova a individuare la misura in cui i consumatori sostituiscono gli acquisti di prodotti contraffatti o piratati con prodotti autentici. L'obiettivo principale è individuare le mancate vendite per i vari settori merceologicia causa della contraffazione e della pirateria. Formalmente, un tasso di sostituzione del $x\%$ indica che ogni $100/x$ acquisti illegali di un determinato prodotto contraffatto sostituiscono una vendita di prodotto originale.

Le informazioni sui tassi di sostituzione possono essere ottenute da due diverse fonti: le ricerche accademiche sul comportamento socioeconomico dei consumatori e i sondaggi sul consumo. La maggior parte delle ricerche accademiche, tuttavia, è stata incentrata sui prodotti piratati intangibili, come ad esempio la pirateria digitale. Per i prodotti tangibili i risultati sono più rari, ad eccezione dei beni di lusso. Ad esempio, Yoo and Lee (2009) hanno studiato il comportamento di alcune studentesse universitarie coreane riscontrando un tasso di sostituzione del 21% per i settori dell'abbigliamento e degli accessori di lusso.

In un altro studio, ai consumatori è stata offerta la possibilità di acquistare prodotti contraffatti in un'esperienza di acquisto simulata (Tom et al., 1998). Quando sono stati lasciati liberi di scegliere tra un prodotto contraffatto e uno autentico, il 32% dei consumatori ha optato per la versione contraffatta, mentre il 68% ha optato per la versione autentica.[1,2] La preferenza per le versioni originali o contraffate differisce in base alla categoria merceologica. Le T-shirt contraffate erano le più popolari (il 42% dichiarava una preferenza per la versione contraffatta), mentre i software contraffatti erano i meno popolari (il 17% dichiarava una preferenza per i software riprodotti illegalmente).

La questione della variabilità dei tassi di sostituzione tra categorie di prodotto è stata affrontata di rado nell'ambito dei sondaggi di consumo. Una delle eccezioni è rappresentata dal sondaggio condotto dall'Anti-Counterfeiting Group (2007), in cui è stato chiesto a un campione rappresentativo di 1003 consumatori britannici di età superiore ai 16 anni se avrebbero acquistato il corrispondente articolo autentico nel caso in cui quello contraffatto non fosse stato disponibile. All'interno del campione, il 39% ha risposto che avrebbe acquistato un'alternativa autentica (prodotta dal marchio o da un altro marchio) nel caso dell'abbigliamento o delle calzature, il 49% nel caso dei profumi, e il 27% nel caso degli orologi.[3]

Considerata la scarsità di dati, l'esercizio empirico svolto nel Capitolo 2 poggia su tre diversi scenari. Il primo scenario ipotizza tassi di sostituzione che seguono i risultati del sondaggio presso i consumatori condotto da Anti-Counterfeiting Group (2007). In questo scenario, per la categoria merceologica riguardante l'abbigliamento e le calzature è stato scelto un tasso di sostituzione del 39% - ovvero, ad ogni spesa di 2,5 euro per capi di abbigliamento, accessori o calzature contraffatti sui mercati secondari corrisponde 1 euro di perdite dei volumi di vendita per lo stesso settore del commercio all'ingrosso e al dettaglio. Inoltre, in conformità con il suddetto sondaggio effettuato sui consumatori, i tassi selezionati nello scenario 1 sono il 49% per i prodotti riguardanti il settore dei cosmetici e della profumeria e il 27% per i prodotti appartenenti al settore dell'orologeria e della gioielleria. Infine, secondo uno studio condotto da Tom et al. (1998), il tasso di sostituzione selezionato è il 32% per tutti gli altri prodotti contraffatti venduti sui mercati secondari. Questo secondo scenario è più conservativo e ipotizza tassi di sostituzione inferiori di 10 punti percentuali. Il terzo scenario è il più conservativo e ipotizza tassi di sostituzione inferiori di 20 punti percentuali rispetto al primo scenario.

Al fine di testare la robustezza dei risultati, le stime relative alle perdite dei volumi di vendita, alle perdite di posti di lavoro e al mancato gettito fiscale poggia quindi su tre scenari alternativi, sulla base dei tassi di sostituzione inferiori ipotizzati per i consumatori. Tali stime sono presentate nella Sezione A.6 del presente Allegato A.

Fase 3: La stima del danno ai consumatori

Il danno individuale al consumatore è il sovrapprezzo pagato ingiustamente dal consumatore nella convinzione di effettuare l'acquisto di un prodotto originale. Il danno al consumatore riguarda soltanto i mercati primari perché i consumatori che scelgono di acquistare prodotti contraffatti sui mercati secondari accettano consapevolmente un compromesso qualità-prezzo. Per ciascuna categoria merceologica, il danno al singolo consumatore viene stimato calcolando la differenza tra il prezzo medio pagato sul mercato primario (dai consumatori ingannati) e quello pagato sul mercato secondario (dai consumatori che acquistano consapevolmente prodotti non originali). Questo danno individuale al consumatore viene quindi moltiplicato per il volume totale di transazioni sul mercato primario in una determinata categoria merceologica. Infine, per tutte le categorie di prodotto i danni sono sommati per fornire una stima generale del danno complessivo per il consumatore.

In termini più formali, il principio sotteso alla misura del danno ai consumatori è il seguente. In primo luogo, per qualsiasi tipo di prodotto p correlato al marchio b, viene calcolato il prezzo medio pagato sul mercato primario, p^1_{bp}, e il prezzo medio pagato sul mercato secondario, p^2_{bp}. Dal momento che la differenza tra questi prezzi rappresenta il "valore dell'inganno subito dal consumatore", essa può servire per approssimare il danno ai consumatori nel momento in cui acquistano un determinato prodotto di originale bp sul mercato primario: $\delta_{bp} = p^1_{bp} - p^2_{bp}$. Infine, questi danni possono essere aggregati per categoria di sottoprodotto, oppure a livello nazionale, possono essere moltiplicati per il volume di vendite stimato sui mercati primari, Q^1_{bp}, come segue:$D = \sum_b \sum_p \left(\delta_{bp} Q^1_{bp}\right)$.

Fase 4: Stima delle mancate vendite per i rivenditori all'ingrosso e al dettaglio

Al fine di misurare le mancate vendite per i commercianti all'ingrosso e al dettaglio dovute a prodotti contraffatti, si utilizzano tre insiemi di informazioni:

1. La stima del valore dei prodotti contraffatti introdotti illegalmente in Italia per categoria merceologica, come calcolata nella Fase 1;
2. Le quote dei mercati primari e secondari, stimate al livello massimo di dettaglio (idealmente per marchio e tipo di prodotto) usando la metodologia descritta nella prima parte della Fase 2;
3. Le informazioni sui tassi di sostituzione dei consumatori, estrapolate dai sondaggi di consumo, come esplicitato nella seconda parte della Fase 2.

Il valore stimato dei prodotti contraffatti introdotti illegalmente in Italia unito alla quota del mercato primario restituisce il volume totale delle mancate vendite per i commercianti all'ingrosso e al dettaglio in Italia dovute a quei consumatori che acquistano inconsapevolmente prodotti contraffatti. Il valore stimato dei prodotti contraffatti introdotti illegalmente in Italia, unito alle quote del mercato secondario e ai tassi di sostituzione dei consumatori, è pari al volume totale delle mancate vendite per i commercianti all'ingrosso e al dettaglio in Italia dovute a quei consumatori che acquistano inconsapevolmente prodotti contraffatti. Questo dato tiene conto del fatto che quei consumatori non necessariamente avrebbero acquistato in alternativa prodotti autentici se quelli falsi non fossero stati disponibili. Infine, la somma di entrambe le stime è pari al valore totale delle mancate vendite per i grossisti e i dettaglianti a causa delle importazioni di prodotti contraffatti.

Formalmente, per ciascun tipo di prodotto p, volumi di vendite mancate per grossisti e dettaglianti nazionali attribuibili a importazioni di prodotti contraffatti e piratati, S_p, sono determinate aggiungendo il valore stimato delle importazioni di prodotti contraffatti e pirata venduti sul mercato primario - ovvero, il valore totale di tali importazioni, C_p (stimato nella Fase 1), moltiplicato per la quota del mercato primario, τ_p^1 (stimato nella Fase 2) - al valore stimato dei prodotti contraffatti venduti sul mercato secondario moltiplicato per i tassi di sostituzione dei consumatori, ρ_p:

$$S_p = \left[\tau_p^1 \times C_p\right] + \left[(1 - \tau_p^1) \times C_p \times \rho_p\right]$$

Fase 5: La stima delle perdite dei posti di lavoro per il settore del commercio all'ingrosso e al dettaglio

Le stime delle perdite dei posti di lavoro nel commercio all'ingrosso e al dettaglio in Italia si basano su due fattori principali: (i) la quota di mancate vendite, come calcolata nella Fase 4; e (ii) i tassi di trasmissione tra le mancate vendite e i posti di lavoro persi per ciascun settore, calcolati come riportato di seguito.

Tassi di trasmissione tra le mancate vendite e i posti di lavoro persi nel commercio all'ingrosso e al dettaglio in Italia

La letteratura economica non formula correlazioni chiare tra il valore delle mancate vendite e il valore dei posti di lavoro persi per ciascun settore. Il presente studio ha pertanto sviluppato un modello econometrico per affrontare tale questione. Lo scopo è spiegare la misura in cui il settore del commercio all'ingrosso e al dettaglio adegua l'occupazione al variare delle vendite.

L'idea alla base del modello è invertire una funzione di produzione elementare in un modello di equilibrio parziale al fine di stimare la risposta occupazionale a una crisi delle vendite. $\hat{p}_p$ e $\hat{Q}_P$ possono indicare, rispettivamente, il prezzo unitario medio e la produzione totale in volume di prodotti (autentici) nel settore p, in modo che le vendite totali di prodotti (autentici) in un settore siano definite da

$$\hat{S}_p = \hat{p}_p \times \hat{Q}_P$$

Le merci del settore sono prodotte grazie alla manodopera, $\hat{L}_p$, ai capitali $\hat{K}_p$, e ai beni intermedi $\hat{I}_p$, seguendo una produzione Cobb-Douglas:

$$\hat{Q}_P = A_p\, \hat{L}_p^{\alpha}\, \hat{K}_p^{\beta}\, \hat{I}_p^{\gamma}$$

dove A_p è la produttività totale dei fattori (PTF). Conformemente alla letteratura economica tradizionale, il problema della massimizzazione dei profitti per le aziende all'interno di un settore genera un prezzo ottimale che è pari a un margine commerciale φ_p, rispetto a un costo marginale, da cui deriva il salario adeguato in base alla produttività w_p:

$$\hat{p}_p = \varphi_p\, w_p$$

Se si combinano le tre equazioni precedenti e si prende il log, si ottiene:

$$\ln(\hat{S}_p) = \ln(\varphi_p) + \ln(w_p) + \ln(A_p) + \alpha \ln(\hat{L}_p) + \beta \ln(\hat{K}_p) + \gamma \ln(\hat{I}_p)$$

Invertendo questa equazione, l'occupazione può essere espressa in funzione delle altre variabili, incluse le vendite. Aggiungendo i pedici $t$per un determinato anno, come anche (i) gli effetti fissi per l'anno, δ_t, per tener conto dei contraccolpi macroeconomici comuni tra i settori; (ii) gli effetti fissi per il settore, δ_p, per tener conto del livello di margine commerciale - che dipende dalla concorrenza all'interno del settore, dall'elasticità dei prezzi della domanda, ecc.; e la produttività totale dei fattori, che può essere considerata come una costante nel breve periodo (ovvero, nel caso del presente studio, tre anni) - si ottiene la seguente specifica econometrica:

$$\ln(\hat{L}_{pt}) = \beta_0 + \delta_t + \delta_p + \beta_1 \ln(\hat{K}_{pt}) + \beta_2 \ln(\hat{I}_{pt}) + \beta_3 \ln(\hat{S}_{pt}) + \sum_p \beta_p [\ln(\hat{S}_{pt}) \times \delta_p] + \varepsilon_{pt}$$

dove β_0 è una costante e ε_{pt} il termine di errore. Le stime dell'elasticità dell'occupazione rispetto alle vendite per ciascun settore possono essere estrapolate dalla precedente equazione, e sono date da $\xi_p = \beta_3 + \beta_p$. Un'elasticità stimata di ξ_p indica che una diminuzione delle vendite dell'1% si traduce in una diminuzione di ξ_p% dei posti di lavoro.

I risultati della specifica econometrica sintetizzati dall'ultima equazione per il settore del commercio all'ingrosso e al dettaglio in Italia sono esposti nella Tabella A.1. La prima colonna mostra i coefficienti stimati senza l'inclusione degli effetti fissi per il settore, e indica un aumento delle vendite dell'1% nel commercio all'ingrosso e al dettaglio, che implica un aumento medio dello 0,37% del numero di dipendenti all'interno del settore. La seconda colonna della Tabella A.1 aggiunge alla specifica economica gli effetti incrociati tra il logaritmo delle vendite e gli effetti fissi per il settore, che conduce alle stime specifiche per il settore relative all'elasticità dell'occupazione rispetto alle vendite illustrate in basso.

Tabella A.1. Stime dell'elasticità dell'occupazione rispetto alle vendite, commercio all'ingrosso e al dettaglio in Italia

log Capitali	0,019**	0,020***
	[0,008]	[0,008]
log Beni intermedi	-0,278*	-0,216*
	[0,155]	[-0.071]
log Produttività	-0,095**	-0,101**
	[-0.019]	[-0.023]
log Salari	-0,467***	-0,460***
	[0,103]	[0,098]
log Vendite	0,410***	0,420***
	[0,107]	[0,096]
costante	5,531***	5,615***
	[0,264]	[0,781]
Effetti fissi per il settore	Sì	Sì
Effetti fissi per l'anno	Sì	Sì
Log incrociato Vendite x Effetti fissi per il settore	No	Sì
R^2 adeguato	0,883	0,888
Numero di osservazioni	72	72

Nota: Errori standard tra parentesi. * p<0,10; ** p<0,05; *** p<0,01. I dati industriali per i settori italiani nel periodo 2008-15 sono forniti da Eurostat (Eurostat, 2018). L'occupazione è misurata in base al numero di dipendenti equivalenti a tempo pieno; i capitali in base agli investimenti lordi in beni immateriali; i beni intermedi in base al totale degli acquisti di beni e servizi; le vendite in base ai fatturati; i salari in base al rapporto dei costi totali del personale.

Le stime dell'elasticità dell'occupazione rispetto alle vendite per ciascuna categoria del settore del commercio all'ingrosso e al dettaglio in Italia sono indicate nella Tabella A.2. Chiaramente, una diminuzione delle vendite non si traduce nella medesima proporzione di posti di lavoro persi in ciascun settore. Se, per esempio, un calo delle vendite dell'1% per il settore del commercio all'ingrosso e al dettaglio di orologi e gioielli in Italia provoca una diminuzione dello 0,35% del numero di dipendenti all'interno di questo settore, l'elasticità è molto più elevata per il settore del commercio all'ingrosso e al dettaglio di prodotti alimentari, bevande e tabacco, con un tasso di trasmissione stimato dello 0,42%.

Tabella A.2. Elasticità dell'occupazione rispetto alle vendite nel commercio all'ingrosso e al dettaglio in Italia

Stime per il periodo 2011-2013

Settore	Elasticità dell'occupazione rispetto alle vendite (ε_p)
Alimenti, bevande e tabacco	0,419
Prodotti minerali (ad esempio, combustibili, minerali)	0,377
Prodotti chimici e correlati a eccezione di prodotti farmaceutici, profumi e cosmetici	0,348
Prodotti chimici per uso medico e farmaceutico	0,373
Profumeria e cosmetica	0,392
Tessuti e altri prodotti intermedi (ad es. plastica, gomma, carta, legno)	0,391
Abbigliamento, calzature, articoli in pelle e correlati	0,400
Orologi e gioielleria	0,355
Prodotti minerali non metallici (ad es. vetro e prodotti in vetro, prodotti in ceramica)	0,390
Metalli comuni e prodotti in metallo (tranne macchinari e attrezzature)	0,384
Elettrodomestici, apparecchiature elettroniche e per le telecomunicazioni	0,371
Macchinari, attrezzature industriali, computer e periferiche, navi e aerei	0,377
Veicoli a motore e motocicli	0,405
Beni per uso culturale e di intrattenimento domestico come giochi e giocattoli, libri e strumenti musicali	0,365
Arredi, apparecchi d'illuminazione, tappeti e altri prodotti non classificati altrove	0,396

Stime relative alle perdite di posti di lavoro

Una volta stimati, questi tassi di trasmissione tra vendite e posti di lavoro possono essere usati per effettuare una stima della quota di posti di lavoro persi a causa dell'introduzione illegale di prodotti contraffatti in Italia rispetto all'occupazione complessiva. Per il commercio all'ingrosso e al dettaglio in Italia, considerati distintamente, ciò è ottenuto moltiplicando il tasso di trasmissione con la quota di posti di lavoro persi per le vendite totali di prodotti autentici. Infine, l'applicazione di queste quote dei posti di lavoro persi ai dati relativi al livello di occupazione in un determinato settore consente di stimare il numero di posti di lavoro persi nel settore italiano del commercio all'ingrosso e al dettaglio a causa dell'introduzione illegale di prodotti contraffatti in Italia.

In modo più formale, i tassi di trasmissione stimati tra vendite e posti di lavoro, ε_p, consentono di recuperare il numero dei posti di lavoro persi, come descritto in seguito. In primo luogo, la quota di posti di lavoro persi a causa delle importazioni di prodotti contraffatti e usurpativi rispetto all'occupazione totale all'interno di ciascun settore all'ingrosso e al dettaglio, ϑ_p, è calcolata moltiplicando la quota delle vendite perse rispetto alle vendite totali di prodotti autentici del settore $S_p/\hat{S}_p$, con i tassi di trasmissione:

$$\vartheta_p = \varepsilon_p \times (S_p/\hat{S}_p)$$

In secondo luogo, tali quote di posti di lavoro persi sono applicate ai dati relativi al livello di occupazione, $\hat{L}_p$. Ciò restituisce la quantità di posti di lavoro persi nel settore del commercio all'ingrosso e al dettaglio a causa delle importazioni di prodotti contraffatti e usurpativi, J_p:

$$J_p = \vartheta_p \times \hat{L}_p$$

Fase 6: Determinazione delle mancate entrate per lo Stato a causa delle imposte non versate

Il calo delle vendite di prodotti autentici a causa delle importazioni di prodotti contraffatti e piratati riduce varie fonti di entrata per il governo italiano:

- L' Imposte sul Valore Aggiunto (IVA), riscossa sui consumi al momento dell'acquisto;
- le imposte sul reddito delle società (IRES), riscosse dalle aziende che operano nel settore del commercio all'ingrosso e al dettaglio;
- i contributi previdenziali versati dai dipendenti e dai datori di lavoro nel settore del commercio all'ingrosso e al dettaglio;
- le imposte sui redditi delle persone fisiche versate dai dipendenti del settore del commercio all'ingrosso e al dettaglio.

Al fine di calcolare le mancate entrate per il mancato versamento dell'IVA, è sufficiente applicare le aliquote IVA all'ammontare delle mancate vendite totali a causa delle importazioni di prodotti contraffatti e piratati stimate nella Fase 4.

L'ammontare delle mancate imposte governative per i mancati versamenti dell'IRES è calcolato moltiplicando i tassi medi di profitto all'interno di ciascuna categoria merceologica del commercio all'ingrosso e al dettaglio per il tasso medio di imposte sulle imprese prendendo in considerazione il valore stimato delle mancate vendite.

Per calcolare i mancati contributi previdenziali, la quota dell'ammontare medio effettivo di contributi versato da dipendenti e datori di lavoro per una unità di impiego è moltiplicata per il numero stimato di posti di lavoro persi a causa delle importazioni di prodotti contraffatti e piratati stimate nella Fase 5.

La mancata IRPEF è calcolata moltiplicando il salario medio in un determinato settore per l'aliquota dell'imposta sul reddito moltiplicata per il numero di posti di lavoro persi.

Si tenga presente che, al fine di stimare i risultati nel modo più accurato possibile, questi quattro tipi di perdite di entrate fiscali sono stati calcolati per ciascun settore. Il risultato complessivo a livello nazionale è stato ottenuto aggiungendo gli importi stimati del mancato gettito fiscale tra i vari settori industriali.

A.3. Misurazione degli effetti diretti del commercio di prodotti contraffatti che violano i diritti di marchi e brevetti italiani

Sono tre i modi attraverso i quali il commercio mondiale di prodotti che violano i diritti di marchi e brevetti italiani può compromettere l'economia italiana: 1) mancate vendite per i titolari di DPI; 2) perdite di posti di lavoro nel settore manifatturiero; 3) mancato gettito fiscale per il governo italiano. Possiamo calcolarli usando una metodologia armonizzata che procede per una serie di fasi:

- Fase 7: Valutazione del volume mondiale di violazioni nei confronti di titolari di Diritti di Proprietà Intellettualein Italia;
- Fase 8: Analisi di mercato dei beni che violano i DPI di titolari di diritti di PI residenti venduti a livello internazionale (mercato primario/secondario);
- Fase 9: Analisi delle vendite perse per i titolari di Diritti di Proprietà Intellettuale;
- Fase 10: Stima dei posti di lavoro persi per i settori manifatturieri;
- Fase 11: Stima del mancato gettito fiscale.

Tutte queste fasi sono presentate nella Figura A.3 e sono descritte in dettaglio nei paragrafi che seguono.

Un aspetto importante da considerare è il fatto che è difficile misurare sul piano quantitativo tutte le altre aree d'impatto, e che le stesse si produrranno verosimilmente nel lungo termine. Sulla scorta di questi motivi, tali aree sono state escluse dall'analisi.

Figura A.3. Analisi degli effetti diretti sui titolari di DPI italiani nel commercio mondiale di prodotti contraffatti

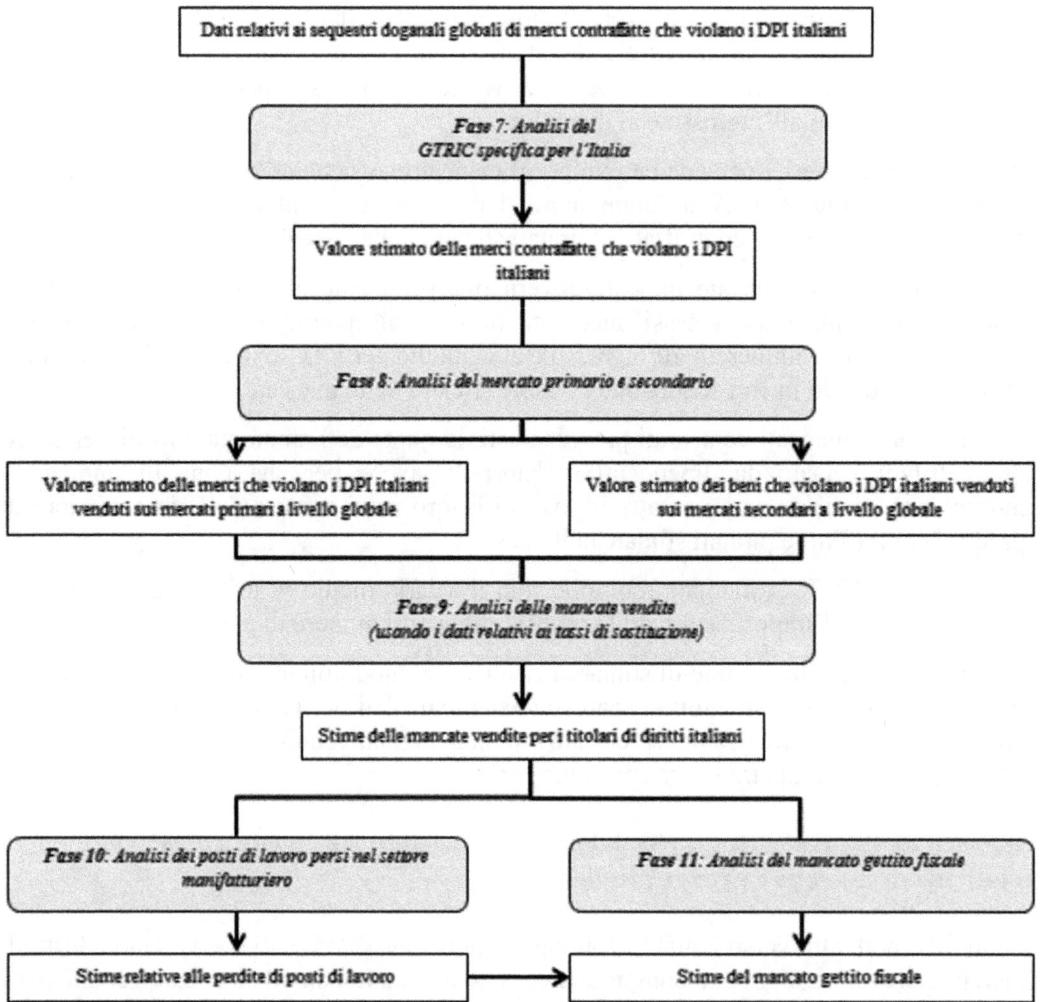

Fase 7: Valutazione del volume mondiale di violazioni di DPI nei confronti di titolari di diritti italiani

La prima fase consiste nello stimare il valore dei prodotti contraffatti commercializzati a livello globale che violano i diritti di marchi o brevetti detenuti dai rispettivi titolari italiani. A questo scopo nella banca dati sono state selezionate osservazioni relative a marchi commerciali o brevetti di titolari di diritti le cui sedi sono registrate in Italia. Va sottolineato che l'identificazione delle ubicazioni dei titolari di diritti è stata eseguita usando il Global Brand Database (WIPO, 2016) e la banca dati PATENTSCOPE (WIPO, 2017), entrambe fornite dall'Organizzazione Mondiale della Proprietà Intellettuale.

Partendo da questa selezione di dati è possibile stimare il valore della contraffazione globale che ha ad oggetto i DPI di titolari di diritti di PI residenti in Italia in base alla categoria merceologica e all'economia di destinazione, adattando la metodologia GTRIC sviluppata nello Studio OCSE/EUIPO, 2016 per le esportazioni e le vendite sul mercato interno.

Gli indici inclusi nella matrice GTRIC fanno riferimento alla probabilità che un determinato tipo di prodotto contraffatto di un marchio o brevetto di cui l'ubicazione del titolare dei diritti è in Italia sia venduto in una determinata economia di destinazione, inclusa l'Italia. Questi indici sono quindi applicati alle statistiche esistenti sulle esportazioni e sulle vendite sul mercato interno al fine di stimare la portata complessiva del commercio mondiale di prodotti contraffatti e piratati che violano i DPI di titolari di diritti residenti in Italia.

Tale metodologia permette di prendere in considerazione il comportamento generale legato alle esportazioni e alle vendite dei settori, e poggia su tre componenti econometriche principali:

- Il General Trade-Related Index of Counterfeiting per le economie (GTRIC-e) - un indice che elenca le economie in base alla loro propensione a essere una destinazione per i prodotti contraffatti e piratati di marchi registrati in Italia (Fase 7);
- Il General Trade-Related Index of Counterfeiting per i prodotti italiani (GTRIC-p) - un indice che elenca i settori italiani in base alla loro propensione a vendere prodotti che sono sensibili alla contraffazione e alla pirateria a livello globale (Fase 8);
- La matrice generale (GTRIC) che fornisce un confronto tra la probabilità che prodotti venduti da un determinato settore in una determinata economia di destinazione siano oggetto di contraffazione o pirateria con la combinazione più sensibile "categoria merceologica - economia di destinazione" (Fase 9).

Applicando la matrice GTRIC ai dati sulle esportazioni e sulle vendite nazionali è possibile misurare il valore "massimo" per il commercio di beni contraffatti e piratati che violano i DPI di titolari di diritti residenti in Italia. Uno dei problemi, tuttavia, riguarda le modalità per stabilire un punto fisso, ovvero, un limite superiore di commercio di beni contraffatti in percentuale di esportazioni per le combinazioni "categoria merceologica - economia di destinazione" più sensibili rispetto alla contraffazione e alla pirateria globali.

Dal momento che dalle interviste con i funzionari doganali e gli esperti non è stato possibile determinare questi punti fissi, l'applicazione empirica si basa su tre scenari, con valori selezionati del 10%, 15% e 20%. Si noti che questi scenari adottano valori molto più conservativi per i punti fissi rispetto a quelli effettivi applicati alle importazioni in OCSE-EUIPO (2016).

Questi punti fissi, se combinati con la relativa probabilità inclusa nella matrice GTRIX, consentono di calcolare la quota di esportazioni e, cosa ancora più importante, di vendite sul mercato interno di prodotti che violano i DPI di titolari di diritti residenti in Italia. L'applicazione di queste quote alle statistiche sul valore delle esportazioni e delle vendite sul mercato interno fornisce il valore stimato dei beni che violano i DPI di titolari di diritti residenti per categoria merceologica ed economia di destinazione.

Fase 8: Analisi del mercato dei prodotti contraffatti che violano i DPI italiani

Come per la precedente analisi, al fine di valutare l'impatto economico delle violazioni di marchi e brevetti dei titolari di diritti italiani nel commercio mondiale, è indispensabile affrontare due questioni. In primo luogo, qual è la quota di questi prodotti contraffatti commercializzata sui mercati primari rispetto a quelli secondari a livello globale? In secondo luogo, all'interno dei mercati secondari, qual è il tasso al quale i consumatori di tutto il mondo avrebbero sostituito beni contraffatti con i rispettivi prodotti autentici?

La prima questione può essere affrontata applicando la stessa metodologia descritta nella prima parte della Fase 2. L'unica differenza è che il valore unitario delle distribuzioni è stimato per ciascuna terna "categoria merceologica - marchio (o brevetto) - economia di destinazione" al fine di prendere in considerazione le differenze dei prezzi al dettaglio tra le economie.

Ad esempio, tra il 2011 e il 2013 i prodotti italiani più contraffatti sono stati gli occhiali da sole Ray-Ban prodotti da Luxottica Group, il conglomerato italiano dell'eyewear. La banca dati dell'OCSE sui sequestri effettuati in dogana a livello mondiale include quasi 5.600 sequestri effettuati dalle autorità doganali di questo prodotto registrati in 64 economie di destinazione. La Figura A.4 mostra il valore unitario della distribuzione degli occhiali contraffatti sequestrati in tutto il mondo. L'uso della metodologia descritta in precedenza indica che gli occhiali Ray-Ban falsi con prezzo inferiore a 120 euro erano destinati al mercato secondario, mentre quelli con valore superiore ai 120 euro (i picchi sul lato destro della distribuzione) erano destinati al mercato primario.

Figura A.4. Distribuzione dei prezzi degli occhiali Ray-Ban contraffatti sequestrati a livello mondiale, 2011-2013

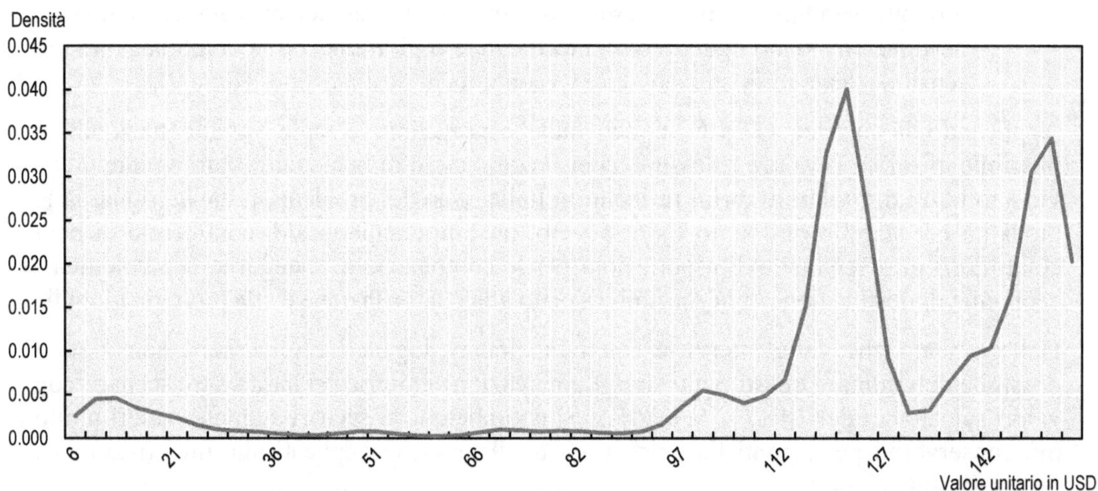

Infine, per mancanza di dati, i tassi di sostituzione dei consumatori considerati sono uguali a quelli selezionati nella seconda parte della Fase 2. Di seguito, sulla scorta dei tassi ipotizzati saranno presentati i vari scenari riguardanti le mancate vendite, i posti di lavoro persi e il mancato gettito fiscale.

Fase 9: Stima delle mancate vendite per i titolari di DPI italiani

Al fine di calcolare il valore delle mancate vendite per i titolari di DPI italiani, il valore stimato di prodotti venduti a livello globale che sono versioni contraffatte di questi marchi o brevetti è combinato con le informazioni riguardanti 1) la quota di mercati primari e secondari per questi prodotti per economia di destinazione; e 2) i tassi di sostituzione dei consumatori (vedere la Fase 8).

Il calcolo si avvicina di molto a quello descritto nella Fase 4, con la sola eccezione che viene eseguito prima per ciascuna economia di destinazione per poi essere aggregato. Il valore totale delle mancate vendite per i titolari di diritti sul territorio nazionale è ottenuto aggiungendo il valore delle vendite di prodotti contraffatti sui mercati primari al valore delle vendite sul mercato secondario, adeguato per i tassi di sostituzione dei consumatori.

Sul piano formale, indicando con τ_{pd}^{1} la quota del mercato primario nell'economia di destinazione d per tutti i prodotti di tipo p che violano i DPI di titolari di diritti residenti, e con C_{pd} il valore stimato delle vendite di quei prodotti contraffatti in quella determinata destinazione, il valore stimato delle mancate vendite per i titolari di diritti sul territorio nazionale per categoria merceologica p è dato da:

$$S_p = \sum_{\delta} [\tau_{pd}^{1} \times C_{pd}] + [(1 - \tau_{pd}^{1}) \times C_{pd} \times \rho_p]$$

dove ρ_p indica i tassi di sostituzione dei consumatori specifici per tipo di prodotto.

Fase 10: Stima delle perdite di posti di lavoro nel settore manifatturiero italiano

Questa fase richiede la stima della misura in cui l'occupazione nel settore manifatturiero in Italia risponde alle evoluzioni delle vendite sui mercati delle esportazioni e sul mercato interno. Ciò è ottenuto applicando il modello econometrico sviluppato nella Fase 5 ai dati specifici dei settori manifatturieri.

I risultati di questa stima per il settore manifatturiero italiano sono esposti nella Tabella A.3. L'informazione più importante a livello aggregato è rappresentata dal fatto che un incremento delle vendite dell'1% nel settore manifatturiero in Italia implica un incremento medio dello 0,51% del numero di dipendenti del settore.

Tabella A.3. Stime dell'elasticità dell'occupazione rispetto alle vendite nel settore manifatturiero italiano

Variabile dipendente: log Occupazione		
log Capitali	0,021*	0,023*
	[0,009]	[0,012]
log Beni intermedi	-0,416*	-0,556*
	[0,181]	[0,221]
log Produttività	-0,295***	-0,241***
	[0,044]	[0,057]
log Salari	-0,614***	-0,596***
	[0,108]	[0,128]
log Vendite	0,513***	0,612***
	[0,141]	[0,193]
costante	-1,712**	-1,867**
	[0,612]	[0,639]

Effetti fissi per il settore	Sì	Sì
Effetti fissi per l'anno	Sì	Sì
Log incrociato Vendite x Effetti fissi per il settore	No	Sì
R2 adeguato	0,905	0,907
Numero di osservazioni	55	55

Note: Errori standard tra parentesi. * p<0,05; ** p<0,01; *** p<0,001. I dati industriali per i settori italiani nel periodo 2011-13 sono forniti da Eurostat (Eurostat, 2018[1]). L'occupazione è misurata in base al numero di dipendenti equivalenti a tempo pieno; i capitali in base agli investimenti lordi in beni immateriali; i beni intermedi in base al totale degli acquisti di beni e servizi; le vendite in base ai fatturati; i salari in base al rapporto tra i costi totali del personale, inclusi gli oneri sociali, e il numero di dipendenti equivalenti a tempo pieno; la produttività in base alla produttività della manodopera.

Le stime sull'elasticità dell'occupazione rispetto alle vendite per ciascun settore manifatturiero italiano sono riportate nella Tabella A.4. Ancora una volta, una diminuzione delle vendite non si traduce nella medesima proporzione di posti di lavoro persi in ciascuno di tali settori. Se, per esempio, un calo delle vendite dell'1% per il settore dei prodotti farmaceutici e dei prodotti chimici medicinali provoca una diminuzione dello 0,7285% del numero di dipendenti all'interno di questo settore, il tasso di trasmissione è di gran lunga inferiore per la costruzione di macchinari e attrezzature industriali, con un tasso di trasmissione stimato dello 0,43%.

Tabella A.4. Elasticità dell'occupazione rispetto alle vendite nel settore manifatturiero italiano

Stime per il periodo 2011-2013

Settore	Elasticità dell'occupazione rispetto alle vendite (ε_p)
Alimenti, bevande e tabacco	0,593
Prodotti minerali (ad esempio, combustibili, minerali)	0,507
Prodotti chimici e correlati a eccezione di prodotti farmaceutici, profumi e cosmetici	0,483
Prodotti chimici per uso medico e farmaceutico	0,720
Profumeria e cosmetica	0,524
Tessuti e altri prodotti intermedi (ad es. plastica, gomma, carta, legno)	0,634
Abbigliamento, calzature, articoli in pelle e correlati	0,638
Orologi e gioielleria	0,484
Prodotti minerali non metallici (ad es. vetro e prodotti in vetro, prodotti in ceramica)	0,667
Metalli comuni e prodotti in metallo (tranne macchinari e attrezzature)	0,520
Elettrodomestici, apparecchiature elettroniche e per le telecomunicazioni	0,457
Macchinari, attrezzature industriali, computer e periferiche, navi e aerei	0,432
Veicoli a motore e motocicli	0,451
Beni per uso culturale e di intrattenimento domestico come giochi e giocattoli, libri e strumenti musicali	0,534
Arredi, apparecchi d'illuminazione, tappeti e altri prodotti non classificati altrove	0,432

Una volta stimati, questi tassi di trasmissione tra vendite e posti di lavoro possono essere usati per stimare la quota di posti di lavoro persi a causa di violazioni nel commercio mondiale di marchi e brevetti italiani rispetto all'occupazione complessiva. Per ciascun settore manifatturiero in Italia, questo viene calcolato moltiplicando il tasso di trasmissione con la quota di posti di lavoro persi per i titolari di DPI italiani. Infine, moltiplicando queste quote di posti di lavoro persi sui dati relativi al livello occupazionale all'interno di ciascun settore manifatturiero consente di stimare il numero di posti di lavoro persi nell'industria manifatturiera italiana a causa delle violazioni di DPI italiani nel commercio mondiale.

I tassi di trasmissione stimati tra vendite e posti di lavoro,ε_p, consentono di recuperare il numero di posti di lavoro come specificato di seguito. In primo luogo, la quota di posti di lavoro persi a causa di violazioni nel commercio mondiale di marchi e brevetti italiani rispetto all'occupazione totale all'interno di ciascun settore manifatturiero, ϑ_p, è calcolata moltiplicando la quota delle vendite perse nelle vendite totali di prodotti autentici del settore $S_p/\hat{S}_p$,con i tassi di trasmissione

Fase 11: Determinazione del mancato gettito fiscale

I posti di lavoro persi a causa delle violazioni di DPI, diversamente da quelli persi a causa delle importazioni di prodotti contraffatti e piratati, incidono soltanto su tre tipi di entrate fiscali: imposte sui redditi delle società dei titolari di diritti, contributi previdenziali; e imposte sui redditi delle persone fisiche versate da dipendenti e datori di lavoro nel settore manifatturiero. Le imposte sul valore aggiunto relative alle vendite sul mercato interno di prodotti che violano i DPI italiani non sono calcolate dal momento che sono già state prese in considerazione all'atto della stima del valore del mancato gettito fiscale indotto dalle mancate vendite a causa delle importazioni di prodotti contraffatti e piratati.

Le metodologie applicate per calcolare nel dettaglio il mancato gettito fiscale sono esattamente identiche a quelle descritte nella Fase 6. Ancora una volta, il calcolo è eseguito settore per settore al fine di ottenere stime quanto più accurate.

A.4. Costruzione del GTRIC per il mercato dei prodotti contraffatti in Italia

Costruzione del GTRIC-p

GTRIC-p è costruito in tre fasi:

1. Per ciascuna categoria merceologica vengono formate le percentuali di sequestro per i beni sensibili;
2. A partire da queste si stabilisce un fattore della fonte di contraffazione per ciascun settore, sulla base del peso dei settori in termini di importazioni italiane;
3. Il GTRIC-p è formato in funzione di questi tre fattori.

Fase 1: Misurazione delle frequenze dei sequestri di prodotti

v_p e m_p indicano, rispettivamente, i valori dei sequestri e delle importazioni del tipo di prodotto p (come registrato secondo il sistema armonizzato nel formato a due cifre) venduto in Italia da *qualsiasi* economia di provenienza in un determinato anno. Le frequenze relative dei sequestri (percentuali di sequestro) del bene p, indicate più avanti con γ_p, sono pertanto definite da:

$$\gamma_p = \frac{v_p}{\sum_p v_p}, \text{ in modo che } \sum_p \gamma_p = 1$$

Fase 2: Misurazione del settore - fattori di contraffazione specifici

$M = \sum_p m_p$ è definito come il totale delle importazioni di tutti i beni sensibili registrate in Italia.

La quota del bene p nelle importazioni italiane, indicata con s_p, è pertanto data da:

$$s_p = \frac{m_p}{M}, \text{ in modo che } \sum_p s_p = 1$$

Il fattore di contraffazione della categoria merceologica p, indicato con C_p, è quindi determinato come segue.

$$C_p = \frac{\gamma_p}{s_p}$$

Il fattore di contraffazione riflette la suscettibilità alle violazioni di prodotti che intervengono in una particolare categoria merceologica, rispetto alla relativa quota di importazioni italiane. Queste costituiscono la base per formare il GTRIC-p.

Fase 3: Stabilire il GTRIC-p

Il GTRIC-p è costruito a partire da una trasformazione del fattore di contraffazione. Esso misura la probabilità relativa di diversi tipi di categorie di prodotto di essere oggetto di contraffazione e pirateria nelle importazioni italiane. La trasformazione del fattore di contraffazione si basa su due postulati principali:

1. Il primo (A1) è che il fattore di contraffazione di una particolare categoria merceologica è positivamente correlato al grado effettivo di commercio di beni contraffatti e piratati trattato in quel capitolo. I fattori di contraffazione devono pertanto riflettere la reale intensità del commercio effettivo di prodotti contraffatti nelle determinate categorie di prodotto;
2. Il secondo (A2) riconosce che il postulato A1 potrebbe non essere del tutto corretto. Ad esempio, il fatto che beni che violano la PI siano individuati con maggiore frequenza in determinate categorie potrebbe implicare che le differenze in termini di fattori di contraffazione tra i prodotti riflettano meramente il fatto che alcuni beni sono di più facile individuazione rispetto ad altri, oppure che alcuni beni, per un motivo o per l'altro, sono stati specificatamente considerati per l'ispezione. I fattori di contraffazione di categorie di prodotto con fattori di contraffazione più bassi in questi casi potrebbero quindi sottovalutare le intensità effettive di contraffazione e pirateria.

Conformemente al postulato A1 (correlazione positiva tra i fattori di contraffazione e le attività di violazione effettive) e al postulato A2 (fattori di contraffazione più bassi potrebbero sottostimare le attività effettive), il GTRIC-p è stabilito applicando una trasformazione monotonica positiva dell'indice del fattore di contraffazione usando logaritmi naturali. Questa tecnica standard di linearizzazione di una relazione non lineare (nel caso del presente studio, tra fattori di contraffazione e attività di violazione effettive) consente di appianare l'indice e restituisce un peso relativo maggiore ai fattori di contraffazione inferiori Verbeek (2008).

Al fine di affrontare i possibili outlier alle due estremità dell'indice del fattore di contraffazione - ovvero, alcune categorie potrebbero essere misurate come particolarmente suscettibili di violazione sebbene non lo siano, mentre altre potrebbero essere misurate come non suscettibili sebbene lo siano - si presuppone che il GTRIC-p segua una distribuzione normale troncata a sinistra, dove GTRIC-p assume soltanto valori di zero o valori superiori.

Il fattore di contraffazione trasformato è definito come:

$$c_p = \ln(C_p + 1)$$

Ipotizzando che il fattore di contraffazione trasformato possa essere descritto mediante una distribuzione normale troncata a sinistra con $c_p \geq 0$; seguendo Hald (1952), la funzione della densità di GTRIC-p è data da:

$$f_{LTN}(c_p) = \begin{cases} 0 & se c_p \leq 0 \\ \dfrac{f(c_p)}{\int_0^{\infty} f(c_p)\, \delta c_p} & se c_p \geq 0 \end{cases}$$

dove $f(c_p)$ è la distribuzione normale non troncata per c_p, specificata come:

$$f(c_p) = \frac{1}{\sqrt{2\pi\sigma_p^2}} \exp\left(-\frac{1}{2}\left(\frac{c_p - \mu_p}{\sigma_p}\right)^2\right)$$

La media e la varianza della distribuzione normale, indicate qui con μ_p e σ_p^2, sono quindi stimate rispetto all'indice del fattore di contraffazione trasformato, c_p, e sono date da $\hat{\mu}_p$ e $\hat{\sigma}_p^2$. Questo consente di calcolare l'indice di propensione alle importazioni di merci contraffatte (GTRIC-p) tra le categorie di prodotto, corrispondente alla funzione di distribuzione cumulativa di c_p.

Costruzione di GTRIC-e

Anche GTRIC-e è costruito in tre fasi:

1. Per ciascuna economia di provenienza si calcolano le percentuali dei sequestri;
2. A partire da queste, si stabilisce un fattore della fonte di contraffazione di ciascuna economia di provenienza, sulla base del peso delle economie di provenienza in termini di importazioni totali italiane;
3. Il GTRIC-e è formato in funzione di questi tre fattori.

Fase 1: Misurazione delle intensità dei sequestri per ciascuna economia di provenienza

v_e indica i sequestri registrati in Italia di tutti i tipi di prodotti che violano la PI (ossia tutti i p) provenienti dall'economia e nel corso di un determinato anno in termini del corrispondente valore.

γ_e indica la frequenza relativa di sequestri in Italia (percentuale di sequestri) di tutti prodotti che violano la PI e che provengono dall'economia e, in un determinato anno:

$$\gamma_e = \frac{v_e}{\sum_e v_e}, \text{in modo che} \sum\nolimits_e \gamma_e = 1$$

Fase 2: Misurazione dei fattori di contraffazione specifici di un'economia

m_e è definito come il totale delle importazioni italiane registrate di tutti i prodotti sensibili da e, e $M = \sum_e m_e$ è il totale delle importazioni italiane di prodotti sensibili da tutte le economie di provenienza.

La quota di importazioni dall'economia di provenienza e rispetto alle importazioni italiane totali di prodotti sensibili, indicate con s_e, è quindi data da:

$$s_e = \frac{m_e}{M}, \text{in modo che} \sum\nolimits_e s_e = 1$$

Da questa equazione, il fattore di contraffazione specifico di un'economia è stabilito dividendo la frequenza generale di sequestri per l'economia e con la quota di importazioni totali di prodotti sensibili da e.

$$C_e = \frac{\gamma_e}{s_e}$$

Fase 3: Stabilire il GTRIC-e

La misurazione del volume della contraffazione e della pirateria dal punto di vista di un'economia di provenienza può essere effettuata in modo simile a quella per i prodotti sensibili. Pertanto, un indice di contraffazione generale correlato al commercio per le economie (GTRIC-e) è fissato seguendo linee e postulati simili:

1. Il primo postulato (A3) è che la frequenza con cui un qualsiasi articolo contraffatto o piratato proveniente da una determinata economia viene individuato e sequestrato dalle autorità doganali è positivamente correlato alla quantità effettiva degli articoli contraffatti e piratati importati da quell'ubicazione;
2. Il secondo postulato (A4) riconosce che il postulato A3 potrebbe non essere del tutto corretto. Ad esempio, un'elevata intensità di sequestri di articoli contraffatti o piratati da una particolare economia di provenienza potrebbe indicare che l'economia di provenienza è inclusa in uno schema di profilazione delle dogane, o che è specificatamente oggetto di indagine da parte delle dogane. Il ruolo che le economie di provenienza con basse intensità di sequestri svolgono con riferimento alle attività di contraffazione e pirateria effettive potrebbe essere quindi sottorappresentato dall'indice e portare a una sottostima della portata di tali attività.

Come per l'indice specifico per il prodotto, il GTRIC-e è stabilito applicando una trasformazione monotonica positiva dell'indice del fattore di contraffazione per le economie di provenienza usando logaritmi naturali. Ciò deriva dal postulato A3 (correlazione positiva tra le intensità dei sequestri e le attività di violazione effettive) e il postulato A 4 (intensità più basse tendono a sottostimare le attività effettive). Considerando i possibili outlier a entrambe le estremità della distribuzione del GTRIC-e - ovvero, alcune economie potrebbero essere misurate in modo errato come fonti particolarmente probabili di importazioni di prodotti contraffatti e prodotti piratati, e viceversa - il GTRIC-e è approssimato mediante la distribuzione normale troncata a sinistra poiché non assume valori inferiori a zero.

Il fattore di contraffazione generale trasformato attraverso le economie di provenienza sulle quali si basa il GTRIC-e è ottenuto pertanto applicando logaritmi ai fattori di contraffazione generali specifici dell'economia (Verbeek, 2008):

$$c_e = \ln(C_e + 1)$$

Inoltre, seguendo il GTRIC-p si ipotizza che il GTRIC-e segua una distribuzione normale troncata con $c_e \geq 0$ per tutti i e. Seguendo Hald (1952), la funzione di densità della distribuzione normale troncata a sinistra per c_e è data da

$$g_{LTN}(c_p) = \begin{cases} 0 & se cf_e \leq 0 \\ \dfrac{g(e)}{\int_0^\infty g(c_e)\ \delta c_e} & se cf_e \geq 0 \end{cases}$$

dove $g(c_e)$ è la distribuzione normale non troncata per c_e, specificata come:

$$g(c_e) = \frac{1}{\sqrt{2\pi\sigma_e^2}} \exp\left(-\frac{1}{2}\left(\frac{c_e - \mu_e}{\sigma_e}\right)^2\right)$$

La media e la varianza della distribuzione normale, indicate qui con μ_e e σ_e^2, sono quindi stimate rispetto all'indice del fattore di contraffazione trasformato, c_e, e sono date da $\hat{\mu}_e$ e $\hat{\sigma}_e^2$. Questo consente di calcolare l'indice di propensione alle importazioni contraffatte (GTRIC-e) tra le economie di provenienza, corrispondente alla funzione di distribuzione cumulativa dic_e.

Costruzione di GTRIC

L'indice combinato di GTRIC-e e GTRIC-p, indicato con GTRIC, è un indice approssimativo della relativa propensione che hanno particolari tipi di prodotti, importati dall'Italia da partner commerciali specifici, a essere oggetto di contraffazione e/o di pirateria.

Fase 1: Determinazione delle intensità per i prodotti e le economie di provenienza

In questa fase per ciascun flusso commerciale di una determinata economia di provenienza e in una determinata categoria merceologica è fissata la propensione a contenere prodotti contraffatti e prodotti piratati.

La propensione generale di una categoria merceologica p a essere oggetto di violazioni, di provenienza da una qualsiasi economia, è indicata da P_p ed è data dal GTRIC-p in modo che:

$$P_p = F_{LTN}(c_p)$$

dove $F_{LTN}(c_p)$ è la funzione di probabilità cumulativa di $f_{LTN}(c_p)$.

Inoltre, la propensione generale di beni che violano la PI di qualsiasi tipo provenienti dall'economia e è indicata da P_e, ed è data dal GTRIC-e, in modo che:

$$P_e = G_{LTN}(c_e)$$

dove $G_{LTN}(c_e)$ è la funzione di probabilità cumulativa di $g_{LTN}(c_e)$.

La probabilità generale di articoli di tipo p provenienti dall'economia e a essere oggetto di contraffazione o di pirateria è quindi indicata da P_{ep} e approssimata mediante:

$$P_{ep} = P_p P_e$$

Di conseguenza, $P_{ep} \in [\varepsilon_p \varepsilon_e\,; 1]$, $\forall e, p$, dove $\varepsilon_p \varepsilon_e$ indica il tasso medio minimo di esportazioni contraffatte per ciascuna categoria merceologica sensibile e ciascuna economia di provenienza. Si ipotizza che $\varepsilon_e = \varepsilon_p = 0{,}05$.

Fase 2: Calcolo del valore assoluto

α è il punto fisso, ovvero, il tasso medio massimo di contraffazione di un determinato tipo di bene che viola la PI, p, proveniente da una determinata economia e. α può quindi essere applicato alla probabilità che beni di tipo p del partner commerciale e siano oggetto di contraffazione (αP_{ep}).

Di conseguenza, è possibile ottenere una matrice della propensione C alla contraffazione.

$$C = \begin{pmatrix} \alpha P_{11} & \alpha P_{12} & & & \alpha P_{1P} \\ \alpha P_{21} & \ddots & & & \\ & & \alpha P_{ep} & & \\ & & & \ddots & \\ \alpha P_{E1} & & & & \alpha P_{EP} \end{pmatrix} \text{ con dimensione } E \times P$$

La matrice delle importazioni italiane è indicata con M. Se si applica C a M si ottiene il volume assoluto di importazioni di prodotti contraffatti e piratati in Italia. In particolare, la matrice delle importazioni M è data da:

$$M = \begin{pmatrix} m_{11} & m_{12} & & & m_{1P} \\ m_{21} & \ddots & & & \\ & & m_{ep} & & \\ & & & \ddots & \\ m_{E1} & & & & m_{EP} \end{pmatrix} \text{ con dimensione } E \times P$$

Pertanto, l'elemento m_{ep} indica le importazioni italiane della categoria merceologica p dal partner e, dove $e = [1, \ldots, E]$ e $p = [1, \ldots, P]$.

Indicata con Ψ, la percentuale di prodotti per economia relativa alle importazioni di merci contraffatte e piratate può essere determinata come segue:

$$\Psi = \mathrm{C}'\mathrm{M} \div \mathrm{M}$$

Il valore delle importazioni totali di prodotti contraffatti e piratati, indicata con TC scalare, è quindi data da:

$$\mathrm{TC} = \mathrm{I}_1'\Psi\mathrm{I}_2$$

dove I_1 è una matrice di identità con dimensione $E \times 1$, e I_2 è una matrice di identità con dimensione $P \times 1$.

Indicando il commercio mondiale totale con $\mathrm{TM} = \mathrm{I}_1\mathrm{M}'\mathrm{I}_2$ scalare, la quota di importazioni di prodotti contraffatti e pirata nelle importazioni totali italiane, S_{TC}, è determinata da:

$$S_{TC} = \frac{TC}{TM}$$

A.5. Costruzione del GTRIC per i prodotti che violano i DPI italiani

Costruzione del GTRIC-p per l'Italia

Il GTRIC-p per l'Italia è costruito in tre fasi:

- Per ciascuna categoria merceologica vengono definite le percentuali di sequestro per i beni sensibili;
- A partire da queste si stabilisce un fattore della fonte di contraffazione per ciascun settore, sulla base del peso dei settori rispetto al commercio totale;
- Il GTRIC-p è formato in funzione di questi tre fattori.

Fase 1: Misurazione delle frequenze dei sequestri di prodotti

w_q è il valore sequestrato del tipo di prodotto$q$ che viola i DPI di titolari di diritti di PI residenti in Italia di *una qualsiasi* economia di provenienza in un determinato anno. La frequenza di sequestri relativa (percentuale di sequestri) del bene q, indicata più avanti con η_q, è quindi definita da:

$$\eta_q = \frac{w_q}{\sum_q w_q}, \text{ in modo che } \sum_q \eta_q = 1$$

Fase 2: Misurazione dei fattori di contraffazione specifici di un prodotto

e_q è il valore delle vendite globali (esportazioni più vendite sul mercato interno) q, in modo che $E = \sum_q e_q$ è definito come le vendite registrate a livello globale dai settori manifatturieri italiani di *tutti* i beni sensibili.

La quota del bene q nelle vendite totali italiane, indicata con ς_q,, è pertanto data da:

$$\varsigma_q = \frac{e_q}{E}, \text{ in modo che } \sum_q \varsigma_q = 1$$

Il fattore di contraffazione della categoria merceologica q, indicato con C_q, è quindi determinato come segue.

$$C_q = \frac{\eta_q}{\varsigma_q}$$

Il fattore di contraffazione riflette la sensitività delle violazioni di marchi e brevetti italiani che interessano una particolare categoria merceologica, rispetto alla relativa quota di vendite globali italiane. Queste costituiscono la base per formare il GTRIC-p.

Fase 3: Stabilire il GTRIC-p per l'Italia

Il GTRIC-p è costruito a partire da una trasformazione del fattore di contraffazione. Esso misura la propensione relativa con cui marchi e brevetti italiani in diversi tipi di categorie di prodotto sono oggetto di contraffazione e pirateria. La trasformazione del fattore di contraffazione si basa su due postulati principali, descritti in OCSE/EUIPO (2016):

3. Il primo (A5) è che il fattore di contraffazione beni che violano i DPI di una particolare categoria merceologica in Italia è positivamente correlato al grado effettivo di commercio di merci contraffatte e piratate trattato in quel capitolo. I fattori di contraffazione devono pertanto riflettere la reale intensità del commercio effettivo di prodotti che violano i DPI italiani nelle varie categorie merceologiche;
4. Il secondo (A6) riconosce che il postulato A5 potrebbe non essere del tutto corretto. Ad esempio, il fatto che prodotti che violano i DPI italiani siano individuati con maggiore frequenza in determinate categorie potrebbe implicare che le differenze in termini di fattori di contraffazione tra i prodotti riflettano meramente il fatto che alcune merci che violano i DPI italiani sono di più facile individuazione rispetto ad altre, oppure che alcuni beni, per un motivo o per l'altro, sono stati specificatamente oggetto di ispezione. I fattori di contraffazione di categorie di prodotto con fattori di contraffazione più bassi in questi casi potrebbero quindi sottovalutare le intensità effettive di contraffazione e pirateria.

Conformemente ai postulati A5 e A6, il GTRIC-p per i prodotti che violano i DPI italiani commercializzati a livello mondiale è stabilito applicando una trasformazione monotonica positiva dell'indice del fattore di contraffazione usando logaritmi naturali. Questa tecnica standard di linearizzazione di una relazione non lineare (nel caso del presente studio, tra fattori di contraffazione e attività effettive di violazione) consente di appianare l'indice e dà un peso relativo maggiore ai fattori di contraffazione più bassi Verbeek (2008).

Inoltre, al fine di affrontare i possibili outliers alle due estremità dell'indice del fattore di contraffazione - ovvero, alcune categorie potrebbero essere misurate come particolarmente suscettibili di violazione sebbene non lo siano, mentre altre potrebbero essere misurate come non suscettibili sebbene lo siano - si presuppone che il GTRIC-p segua una distribuzione normale troncata a sinistra, dove GTRIC-p assume soltanto valori di zero o valori superiori.

Il fattore di contraffazione trasformato è definito come:

$$c_q = \ln(C_q + 1)$$

Ipotizzando che il fattore di contraffazione trasformato possa essere descritto mediante una distribuzione normale troncata a sinistra con $c_k \geq 0$; seguendo Hald (1952), la funzione della densità di GTRIC-p è data da:

$$h_{LTN}(c_q) = \begin{cases} 0 & se c_q \leq 0 \\ \dfrac{h(c_q)}{\int_0^\infty h(c_q)\ \delta c_q} & se c_q \geq 0 \end{cases}$$

dove $h(c_q)$ è la distribuzione normale non troncata per c_k, specificata come:

$$h(c_q) = \frac{1}{\sqrt{2\pi\sigma_q^2}} \exp\left(-\frac{1}{2}\left(\frac{c_q - \mu_q}{\sigma_q}\right)^2\right)$$

La media e la varianza della distribuzione normale, indicate qui con μ_q e σ_q^2, sono quindi stimate rispetto all'indice del fattore di contraffazione trasformato, c_q, e sono date da $\hat{\mu}_q$ e $\hat{\sigma}_q^2$. Ciò consente di calcolare l'indice di propensione alla contraffazione (GTRIC-p) tra i capitoli SA, corrispondente alla funzione di distribuzione cumulativa di c_q.

Costruzione di GTRIC-e

Anche GTRIC-e è costruito in tre fasi:

- Per ciascuna economia di provenienza si calcolano le percentuali dei sequestri;
- A partire da queste si stabilisce un fattore di fonte di contraffazione di ciascuna economia di provenienza, sulla base del peso delle economie di provenienza in termini di vendite totali italiane;
- Il GTRIC-e è formato in funzione di questi tre fattori.

Fase 1: Misurazione delle intensità dei sequestri per ciascuna economia di destinazione

w_δ è il valore dei pezzi sequestrati registrato di tutti i tipi di prodotti che violano i diritti di PI dei titolare di diritti residenti in Italia (ovvero, tutti i q) esportati verso l'economia di destinazione δ da qualsiasi economia di provenienza in un determinato anno. η_δ è l'intensità dei sequestri relativa (percentuale di sequestri) di tutti i prodotti che violano i marchi e brevetti italiani spediti verso un paese δ, in un determinato anno:

$$\eta_\delta = \frac{w_\delta}{\sum_\delta w_\delta}, \text{ in modo che } \sum\nolimits_\delta \eta_\delta = 1$$

Fase 2: Misurazione dei fattori di contraffazione specifici per una destinazione

e_δ è definito come il valore delle vendite registrate globali di prodotti con marchi o brevetti italani (esportazioni + vendite manifatturiere sul mercato interno) spediti verso δ (inclusa l'Italia) e $E = \sum_\delta e_\delta$ è il valore globale di vendite italiane di beni sensibili verso tutte le economie di destinazione.

La quota di vendite dirette verso l'economia di destinazione δ rispetto alle vendite globali italiane di prodotti sensibili, indicate con ς_δ, è quindi data da:

$$\varsigma_\delta = \frac{e_\delta}{E}, \text{ in modo che } \sum_\delta \varsigma_\delta = 1$$

Da questa equazione, il fattore di contraffazione specifico di un'economia è stabilito dividendo l'intensità dei sequestri per l'economia *d* per la quota di vendite totali di prodotti sensibili dirette verso *d*:

$$C_\delta = \frac{\eta_\delta}{\varsigma_\delta}$$

Fase 3: Stabilire il GTRIC-e

Il GTRIC-e è costruito a partire da una trasformazione del fattore di contraffazione e misura la propensione relativa con cui prodotti contraffatti che violano i marchi commerciali e brevetti italiani sono spediti verso una determinata economia di destinazione. La trasformazione del fattore di contraffazione si basa su due postulati principali, descritti nell'analisi dell'OCSE/EUIPO (2016):

5. Il primo postulato (A7) è che la frequenza con cui un qualsiasi brand italiano contraffatto e spedito verso una particolare economia di destinazione viene individuato e sequestrato dalle autorità doganali è positivamente correlata alla quantità effettiva di prodotti italiani oggetto di contraffazione e pirateria esportata verso quel luogo;
6. Il secondo postulato (A8) riconosce che il postulato A7 potrebbe non essere del tutto corretto. Ad esempio, un'elevata intensità di sequestri di prodotti che violano i DPI italiani in una particolare economia di destinazione potrebbe essere indicativa del fatto che l'economia di destinazione implementa un particolare schema di profilazione delle dogane, o che questi prodotti sono specificatamente oggetto di indagine da parte delle autorità doganali di quella località. Il ruolo che alcune economie di destinazione con basse intensità di sequestri di prodotti che violano i DPI italiani rivestono con riferimento alle effettive attività di contraffazione e pirateria potrebbe essere quindi sottorappresentato dall'indice e portare a una sottostima della portata di tali attività che riguardano i prodotti italiani di marca o brevettati nel Paese.

Attenendosi ai postulati A7 e A8, il GTRIC-e per i prodotti che violano i DPI italiani è stabilito applicando una trasformazione monotonica positiva dell'indice del fattore di contraffazione usando logaritmi naturali. Questa tecnica standard di linearizzazione di una relazione non lineare (nel caso del presente studio, tra fattori di contraffazione e attività di violazione effettive) consente di appianare l'indice e restituisce un peso relativo maggiore ai fattori di contraffazione inferiori Verbeek (2008).

Inoltre, al fine di affrontare i possibili outlier alle due estremità dell'indice del fattore di contraffazione - ovvero, alcune economie di destinazione potrebbero essere misurate come particolarmente suscettibili di violazione sebbene non lo siano, mentre altre potrebbero essere misurate come non suscettibili sebbene lo siano - si presuppone che il GTRIC-p segua una distribuzione normale troncata a sinistra, dove GTRIC-p assume soltanto valori di zero o valori superiori.

Il fattore di contraffazione generale trasformato attraverso le economie di destinazione sulle quali si basa il GTRIC-e è pertanto ottenuto applicando logaritmi ai fattori di contraffazione generali specifici dell'economia (Verbeek, 2008):

$$c_\delta = \ln(C_\delta + 1)$$

Inoltre, seguendo il GTRIC-p si ipotizza che il GTRIC-e segua una distribuzione normale troncata con $c_\delta \geq 0$ per tutti i d.. Seguendo Hald (1952), la funzione di densità della distribuzione normale troncata a sinistra per c_δ è data da

$$i_{LTN}(c_\delta) = \begin{cases} 0 & se c_\delta \leq 0 \\ \dfrac{i(c_\delta)}{\int_0^\infty i(c_\delta)\, \delta c_\delta} & se c_\delta \geq 0 \end{cases}$$

dove $i(c_\delta)$ è la distribuzione normale non troncata per c_δ, specificata come:

$$i(c_\delta) = \frac{1}{\sqrt{2\pi\sigma_\delta^2}} \exp\left(-\frac{1}{2}\left(\frac{c_\delta - \mu_\delta}{\sigma_\delta}\right)^2\right)$$

La media e la varianza della distribuzione normale, indicate qui con μ_δ e σ_δ^2, sono quindi stimate rispetto all'indice del fattore di contraffazione trasformato, c_δ, e sono date da $\hat{\mu}_\delta$ e $\hat{\sigma}_\delta^2$. Questo consente di calcolare l'indice di propensione alla contraffazione (GTRIC-e) tra le economie di destinazione, corrispondente alla funzione di distribuzione cumulativa di c_δ.

Costruzione di GTRIC

L'indice combinato di GTRIC-e e GTRIC-p, indicato con GTRIC, è un indice che fornisce un'approssimazione della propensione relativa a essere oggetto di contraffazione e/o pirateria .di particolari categorie di prodotti, importante dall'Italia da specifici partner commerciali.

Fase 1: Stabilire la propensione per i prodotti e le economie di destinazione

La propensione generale di marchi commerciali e brevetti italiani a subire contraffazione o pirateria in una categoria merceologica q, è indicata da P_q, ed è data da GTRIC-p, in modo che:

$$P_q = H_{LTN}(c_q)$$

dove $H_{LTN}(c_q)$ è la funzione di probabilità cumulativa di $h_{LTN}(c_q)$.

Inoltre, la propensione generale di tutti i marchi commerciali e brevetti in Italia a subire violazioni e ad essere spediti verso un'economia δ è indicata con P_δ, ed è data da GTRIC-e, in modo che:

$$P_\delta = I_{LTN}(c_\delta)$$

dove $I_{LTN}(c_\delta)$ è la funzione di probabilità cumulativa di $i_{LTN}(c_\delta)$

La propensione generale dei diritti di PI di titolari di diritti residenti in Italia a subire contraffazione o pirateria in una determinata categoria merceologica q e ad essere spediti verso una determinata destinazione d da qualsiasi economia di provenienza è quindi indicata con P_{kd} ed è stimata tramite:

$$P_{qd} = P_q \times P_\delta$$

Di conseguenza, $P_{qd} \in [\varepsilon_q \varepsilon_\delta \,; 1]$, $\forall k, d$, dove $\varepsilon_q \varepsilon_\delta$ indicano il tasso medio minimo di esportazioni contraffatte per ciascuna categoria merceologica sensibile e ciascuna economia di destinazione. Si ipotizza che $\varepsilon_q = \varepsilon_\delta = 0{,}05$.

Fase 2: Calcolo del valore assoluto

β è il punto fisso, ovvero, il tasso medio massimo di contraffazione di marchi e brevetti italiani per un determinato tipo di prodotto q, spedito verso un determinato partner commerciale, δ. β può quindi essere applicato alla propensione che hanno i diritti di PI afferenti a soggetti italiani di tipo q a essere contraffatti e spediti verso un partner di destinazione δ ($\beta \times P_{qd}$).

Di conseguenza, è possibile ottenere una matrice delle propensione alle importazioni contraffatte Λ.

$$\Lambda = \begin{pmatrix} \beta P_{11} & \beta P_{12} & & & \beta P_{1Q} \\ \beta P_{21} & \ddots & & & \\ & & \beta P_{dq} & & \\ & & & \ddots & \\ \beta P_{D1} & & & & \beta P_{DQ} \end{pmatrix} \text{con dimensione } D \times Q$$

La matrice delle vendite globali italiane è indicata con E. Se si applica Λ a E si ottiene il volume assoluto di commercio di prodotti contraffatti e piratati che violano i DPI di titolari di diritti residenti in Italia. In particolare, la matrice delle vendite E è data da:

$$E = \begin{pmatrix} e_{11} & e_{12} & & & e_{1Q} \\ e_{21} & \ddots & & & \\ & & e_{dq} & & \\ & & & \ddots & \\ e_{D1} & & & & e_{DQ} \end{pmatrix} \text{con dimensione } D \times Q$$

Pertanto, l'elemento e_{dq} indica le vendite italiane di prodotti nella categoria q verso la destinazione δ, inclusa l'Italia, con $d = [1, \dots, D]$ e $q = [1, \dots, Q]$.

Indicando con Z la percentuale di prodotti per economia delle importazioni di prodotti contraffatti e piratati, essa è determinata come segue:

$$\mathrm{Z} = \Lambda' \mathrm{E} \div \mathrm{E}$$

Il commercio totale di merci contraffatte e piratate che violano i marchi commerciali e i brevetti italiani, indicata con TΛ scalare, è quindi data da:

$$\mathrm{T\Lambda} = \mathrm{I}_1{}'\mathrm{Z}\mathrm{I}_2$$

dove I_1 è una matrice di identità con dimensione $D \times 1$, e I_2 è una matrice di identità con dimensione $Q \times 1$.

Pertanto, indicando le vendite italiane globali con $\mathrm{TE} = \mathrm{I}_1{}'\mathrm{ZE}_2$ scalare, la quota di prodotti contraffatti e piratati che violano i DPI di titolari di diritti residenti in Italia rispetto alle vendite manifatturiere globali italiane, $\varsigma_{\mathrm{T\Lambda}}$, è determinata da:

$$\varsigma_{\mathrm{T\Lambda}} = \frac{\mathrm{T\Lambda}}{\mathrm{TE}}$$

A.6. Analisi di sensitività

L'analisi di sensitività viene realizzata per ovviare alla scarsità dei dati disponibili sui tassi di sostituzione tra prodotti contraffatti e prodotti autentici. Tre diversi scenari saranno utili a effettuare l'analisi.

Il primo ipotizza tassi di sostituzione che seguono i risultati del sondaggio presso i consumatori (Anti-Counterfeiting Group, 2007) e di un sondaggio svolto da (Tom et al., 1998), per cui il tasso di sostituzione è il 32% per tutti gli altri prodotti falsi venduti sui mercati secondari. Il secondo scenario è più conservativo e ipotizza tassi di sostituzione inferiori di 10 punti percentuali. Il terzo scenario è quello più conservativo e ipotizza che i tassi di sostituzione siano inferiori di 20 punti percentuali rispetto al primo scenario. I tre scenari sono ricapitolati nella Tabella A.5.

Tabella A.5. Tassi di sostituzione dei consumatori ipotizzati nei tre scenari

Settore	Scenario 1	Scenario 2	Scenario 3
Profumeria e cosmetica	49%	39%	29%
Orologi e gioielleria	27%	17%	7%
Abbigliamento, accessori, articoli in pelle e correlati	39%	29%	19%
Altri settori	32%	22%	12%

Fonte: Calcoli degli autori basati su Anti-Counterfeiting Group (2007 e Tom et al. (1998).

I tre diversi scenari sono elaborati in modo indipendente per verificare se il risultato finale differisce in modo significativo sulla scorta delle evoluzioni in termini di input. Questo calcolo è svolto per le seguenti analisi:

- Stima delle mancate vendite per il commercio all'ingrosso e al dettaglio in Italia (Tabella A.6)
- Stima dei posti di lavoro persi nel commercio al dettaglio e all'ingrosso in Italia, (Tabella A.7)
- Misurazione del mancato gettito fiscale del governo italiano a causa delle importazioni di prodotti contraffatti e piratati (Tabella A.8)
- Stima delle mancate vendite per le industrie manifatturiere italiane (Tabella A.9)
- Stima dei posti di lavoro persi nell'industria manifatturiera italiana (Tabella A.10)
- Calcolo delle mancate entrate pubbliche a causa delle violazioni di DPI italiani nel commercio mondiale (Tabella A.11)

Un aspetto importante da considerare è che in tutti i casi le perdite stimate per i tre scenari sono molto vicine, e ciò conferma la solidità di tutti i risultati.

Tabella A.6. Analisi di sensitività: mancate vendite per il commercio all'ingrosso e al dettaglio italiano, 2013

	Scenario 1		Scenario 2		Scenario 3	
Settore	Valore in milioni di euro	Quota di vendite	Valore in milioni di euro	Quota di vendite	Valore in milioni di euro	Quota di vendite
Alimenti, bevande e tabacco	618	1,0%	615	1,0%	612	1,0%
Prodotti chimici e affini	125	3,7%	121	3,5%	117	3,4%
Prodotti chimici per uso medico e farmaceutico	254	2,3%	245	2,2%	237	2,1%
Profumeria e cosmetica	85	1,6%	75	1,4%	65	1,2%
Tessili e altri prodotti intermedi	446	4,3%	411	3,9%	375	3,6%
Abbigliamento, calzature, articoli in pelle e correlati	1.269	4,4%	1.163	4,0%	1.056	3,7%
Orologi e gioielleria	221	7,5%	195	6,6%	169	5,8%
Prodotti minerali non metalliferi	16	0,2%	15	0,2%	13	0,2%
Metalli di base e fabbricazione di prodotti in metallo	475	4,0%	471	4,0%	468	4,0%
Apparecchiature elettriche ed elettroniche, prodotti ottici	1.794	5,4%	1.611	4,9%	1.427	4,3%
Macchinari, attrezzature industriali, computer e periferiche	732	4,1%	682	3,8%	631	3,5%
Veicoli a motore e motocicli	569	1,9%	502	1,7%	435	1,5%
Beni per la casa, culturali e per il divertimento	212	2,1%	198	2,0%	185	1,9%
Arredi, tappeti e altre industrie manifatturiere n.c.a.	132	0,6%	125	0,6%	118	0,6%
Totale settore ingrosso e dettaglio	6.949	2,7%	6.429	2,4%	5.909	2,2%

Tabella A.7. Analisi di sensitività: posti di lavoro persi nel commercio a dettaglio e all'ingrosso italiano, 2013

	Scenario 1		Scenario 2		Scenario 3	
Settore	Numero	Quota di posti di lavoro	Numero	Quota di posti di lavoro	Numero	Quota di posti di lavoro
Alimenti, bevande e tabacco	3.374	0,6%	3.357	0,6%	3.340	0,6%
Prodotti chimici e affini	244	1,7%	235	1,7%	227	1,6%
Prodotti chimici per uso medico e farmaceutico	565	1,2%	546	1,1%	527	1,1%
Profumeria e cosmetica	340	0,9%	301	0,8%	261	0,7%
Tessili e altri prodotti intermedi	1.847	2,3%	1.701	2,1%	1.554	1,9%
Abbigliamento, calzature, articoli in pelle e correlati	6.582	2,4%	6.029	2,2%	5.476	2,0%
Orologi e gioielleria	797	3,6%	703	3,2%	609	2,8%
Prodotti minerali non metalliferi	65	0,1%	60	0,1%	55	0,1%
Metalli di base e fabbricazione di prodotti in metallo	1.649	2,1%	1.635	2,1%	1.622	2,1%
Prodotti di elettronica e ottica, strumenti scientifici	1.712	2,7%	1.536	2,5%	1.361	2,2%
Macchinari, attrezzature industriali, computer e periferiche	2.262	2,1%	2.106	1,9%	1.950	1,8%
Veicoli a motore e motocicli	2.272	1,1%	2.005	0,9%	1.738	0,8%
Beni per la casa, culturali e per il divertimento	813	1,1%	762	1,0%	711	0,9%
Arredi e altre industrie manifatturiere n.c.a.	629	0,3%	596	0,3%	564	0,3%
Totale settore ingrosso e dettaglio	23.149	1,3%	21.573	1,2%	19.997	1,1%

Tabella A.8. Analisi di sensitività: mancate entrate pubbliche a causa delle importazioni di merci false in Italia, 2013

	Scenario 1		Scenario 2		Scenario 3	
Tipologia di imposta	Valore in milioni di euro	Quota	Valore in milioni di euro	Quota	Valore in milioni di euro	Quota
IRPEF e contributi previdenziali	1.354	0,8%	1321	0,8%	1.287,50	0,7%
Imposte sul reddito delle società	831	2,1%	799	2,0%	766,78	2,0%
Imposte sul valore aggiunto	1.529	1,6%	1.414,379	1,5%	1.300,017	1,4%
Totale	3.714	1,2%	3.534	1,1%	3.354	1,1%

Tabella A.9. Analisi di sensitività: mancate vendite per l'industria manifatturiera italiana, 2013

	Scenario 1		Scenario 2		Scenario 3	
Settore	Valore in milioni di euro	Quota di vendite	Valore in milioni di euro	Quota di vendite	Valore in milioni di euro	Quota di vendite
Alimenti, bevande e tabacco	4.160,97	3,3%	4.009,95	3,2%	3.858,93	3,1%
Prodotti chimici e affini	246,82	0,7%	230,26	0,7%	213,69	0,6%
Prodotti chimici per uso medico e farmaceutico	20,94	0,1%	19,18	0,1%	17,42	0,1%
Profumeria e cosmetica	468,62	8,5%	444,10	8,0%	419,58	7,6%
Tessili e altri prodotti intermedi	3.196,46	2,8%	2.895,66	2,5%	2.594,85	2,2%
Abbigliamento, calzature, articoli in pelle e correlati	3.534,91	8,8%	3.253,56	8,2%	2.972,21	7,5%
Orologi e gioielleria	1.255,37	6,9%	1.135,84	6,2%	1.016,31	5,6%
Prodotti minerali non metalliferi	400,74	1,4%	363,92	1,3%	327,10	1,1%
Metalli di base e fabbricazione di prodotti in metallo	2.948,71	2,2%	2.796,36	2,0%	2.644,00	1,9%
Prodotti elettrici, elettronici e ottici, strumenti scientifici	4.646,64	8,0%	4.487,05	7,7%	4.327,46	7,4%
Macchinari, attrezzature industriali, computer e periferiche	2.626,64	1,9%	2.494,42	1,8%	2.362,21	1,7%
Veicoli a motore e motocicli	920,89	2,0%	826,64	1,8%	732,40	1,6%
Beni per la casa, culturali e per il divertimento	318,54	7,6%	298,63	7,1%	278,71	6,6%
Mobili e altre industrie manifatturiere n.c.a.	344,77	1,2%	313,09	1,1%	281,41	1,0%
Settore manifatturiero totale	25.091,02	3,1%	23.568,65	2,9%	22.046,28	2,7%

Tabella A.10. Analisi di sensitività: posti di lavoro persi nell'industria manifatturiera italiana, 2013

	Scenario 1		Scenario 2		Scenario 3	
Settore	Numero	Quota	Numero	Quota	Numero	Quota
Alimenti, bevande e tabacco	8.510	2,0%	8.201	1,9%	7.893	1,8%
Prodotti chimici e affini	328	0,4%	306	0,3%	284	0,3%
Prodotti chimici per uso medico e farmaceutico	38	0,1%	35	0,1%	32	0,1%
Profumeria e cosmetica	673	4,4%	638	4,2%	603	4,0%
Tessili e altri prodotti intermedi	11.228	1,8%	10.171	1,6%	9.114	1,4%
Abbigliamento, calzature, articoli in pelle e correlati	17.407	5,1%	16.021	4,7%	14.636	4,3%
Orologi e gioielleria	1.091	3,3%	987	3,0%	883	2,7%
Prodotti minerali non metalliferi	1.916	0,9%	1.740	0,9%	1.564	0,8%
Metalli di base e fabbricazione di prodotti in metallo	7.589	1,1%	7.197	1,1%	6.805	1,0%
Prodotti elettrici, elettronici e ottici, strumenti scientifici	7.176	4,0%	6.929	3,9%	6.683	3,7%
Macchinari, attrezzature industriali, computer e periferiche	5.210	0,8%	4.948	0,8%	4.686	0,7%
Veicoli a motore e motocicli	1.516	0,9%	1.361	0,8%	1.206	0,7%
Beni per la casa, culturali e per il divertimento	429	4,0%	402	3,8%	375	3,5%
Mobili e altre industrie manifatturiere n.c.a.	1.204	0,5%	1.093	0,5%	983	0,4%
Settore manifatturiero totale	64.316	2,4%	60.031	2,2%	55.747	2,0%

Tabella A.11. Analisi di sensitività: mancate entrate pubbliche a causa delle violazioni di DPI italiani, 2013

	Scenario 1		Scenario 2		Scenario 3	
Tipologia di imposta	Valore in milioni di euro	Quota	Valore in milioni di euro	Quota	Valore in milioni di euro	Quota
IRPEF e contributi previdenziali	2.616,9	1,5%	2446,9	1,4%	2.281,0	1,2%
Imposte sul reddito delle società	1.730,9	4,2%	1.650,6	4,0%	1.570,4	3,8%
Imposte sul valore aggiunto	1.508,6	1,6%	1.293,8	1,4%	1.079,0	1,1%
Totale	5.856,4	1,9%	5.391,4	1,7%	4.930,4	1,6%

Riferimenti

Anti-Counterfeiting Group (2007), *Consumer survey*, commissionato da specialisti di sondaggi indipendenti, http://www.wipo.int/ip-outreach/en/tools/research/details.jsp?id=691.

Eurostat (2018), *Structural Business Statistics (SBS) and Global Business Activities*, Eurostat, http://ec.europa.eu/eurostat/web/structural-business-statistics.

Hald, A. (1952), *Statistical Theory with Engineering Applications*, John Wiley and Sons, New York.

OCSE (2018), *OCSE Tax Database*, OCSE, Parigi, http://www.oecd.org/tax/tax-policy/tax-database.htm.

OCSE/EUIPO (2016), *Trade in Counterfeit and Pirated Goods: Mapping the Economic Impact*, OECD Publishing, Parigi, http://dx.doi.org/10.1787/9789264252653-en.

Tom, G. et al. (1998), "Consumer demand for counterfeit goods", *Psychology & Marketing*, Vol. 15/5, pp. 405-421.

UN Trade Statistics (2017), *Harmonized commodity description and coding systems (HS)*, Nazioni Unite, Ginevra, https://unstats.un.org/unsd/tradekb/Knowledgebase/50018/Harmonized-Commodity-Description-and-Coding-Systems-HS.

Verbeek, M. (2008), *A guide to modern econometrics*, John Wiley & Sons, New York.

WIPO (2017), "PATENTSCOPE Database: International and National Patent Collection", https://patentscope.wipo.int/search/en/search.jsf (consultato il 26 novembre 2018).

WIPO (2016), "Global Brand Database", http://www.wipo.int/branddb/en/ (consultato il 24 novembre 2018).

Yoo, B. e S. Lee (2009), "Buy genuine luxury fashion products or counterfeits?", *Advances in Consumer Research*, Vol. 36, pp. 280-286.

Note

[1] Questo esercizio assolveva una triplice finalità: i) valutare la proporzione di consumatori che, potendo scegliere, sceglierebbero di acquistare l'articolo contraffatto; ii) determinare gli atteggiamenti dei consumatori nei confronti del prodotto; e iii) ottenere caratteristiche demografiche.

[2] Si tenga presente che il 39% del campione aveva dichiarato di aver acquistato consapevolmente prodotti contraffatti; mentre il 61% aveva dichiarato di non aver mai acquistato consapevolmente prodotti contraffatti.

[3] La rimanente quota di consumatori è stata suddivisa come segue: il 45% degli acquirenti di prodotti contraffatti non avrebbe acquistato il corrispondente articolo originale e il 16% avrebbe acquistato un altro articolo falso nel caso dell'abbigliamento e delle calzature. Questi dati sono il 39% e il 33%, rispettivamente, nel caso degli orologi, e il 37% e il 14%, rispettivamente, nel caso dei profumi. Per quanto riguarda le potenziali differenze di prezzo tra le offerte di prodotti contraffatti e di prodotti autentici, non sono state avviate ulteriori disamine.

Allegato B. Tabelle aggiuntive

Tabella B.1. Probabilità per le economie di essere fonte di importazioni di prodotti contraffatti e piratati in Italia

GTRIC-e, 2011-2013

Economia di provenienza	2011	2012	2013	Economia di provenienza	2011	2012	2013
Albania	0,292	0,271	0,390	Isola di Natale	0,000	0,000	0,000
Algeria	0,135	0,121	0,202	Isole Cocos (Keeling)	0,000	0,000	0,000
Angola	0,073	0,064	0,118	Colombia	0,000	0,000	0,000
Anguilla	0,000	0,000	0,000	Comore	0,000	0,000	0,000
Antigua e Barbuda	0,000	0,000	0,000	Congo	0,071	0,063	0,116
Argentina	0,000	0,000	0,000	Isole Cook	0,000	0,000	0,000
Armenia	0,000	0,000	0,000	Costa Rica	0,000	0,000	0,000
Aruba	0,000	0,000	0,000	Costa d'Avorio	0,000	0,000	0,000
Australia	0,071	0,063	0,116	Croazia	0,068	0,060	0,112
Austria	0,000	0,000	0,000	Cuba	0,000	0,000	0,000
Azerbaigian	0,000	0,000	0,000	Curaçao	0,000	0,000	0,000
Bahamas	0,000	0,000	0,000	Cipro*	0,000	0,000	0,000
Bahrein	0,000	0,000	0,000	Repubblica Ceca	0,000	0,000	0,000
Bangladesh	0,224	0,206	0,312	Repubblica Popolare Democratica di Corea	0,000	0,000	0,000
Barbados	0,000	0,000	0,000	Repubblica Democratica del Congo	0,000	0,000	0,000
Bielorussia	0,000	0,000	0,000	Danimarca	0,000	0,000	0,000
Belgio	0,215	0,198	0,302	Gibuti	0,000	0,000	0,000
Belize	0,000	0,000	0,000	Dominica	0,000	0,000	0,000
Benin	0,000	0,000	0,000	Repubblica Dominicana	0,128	0,115	0,193
Bermuda	0,000	0,000	0,000	Ecuador	0,070	0,062	0,113
Bhutan	0,000	0,000	0,000	Egitto	0,221	0,203	0,308
Bolivia	0,000	0,000	0,000	El Salvador	0,000	0,000	0,000
Bosnia-Erzegovina	0,000	0,000	0,000	Guinea Equatoriale	0,000	0,000	0,000
Botswana	0,000	0,000	0,000	Eritrea	0,000	0,000	0,000
Brasile	0,000	0,000	0,000	Estonia	0,000	0,000	0,000
Territori Britannici dell'Oceano Indiano	0,000	0,000	0,000	Etiopia	0,000	0,000	0,000
Isole Vergini Britanniche	0,000	0,000	0,000	Isole Falkland (Malvine)	0,000	0,000	0,000
Brunei Darussalam	0,000	0,000	0,000	Isole Faroe	0,000	0,000	0,000
Bulgaria	0,800	0,782	0,866	Fiji	0,000	0,000	0,000
Burkina Faso	0,000	0,000	0,000	Finlandia	0,000	0,000	0,000
Burundi	0,000	0,000	0,000	Ex Repubblica Jugoslava di Macedonia	0,000	0,000	0,000
Capo Verde	0,000	0,000	0,000	Francia	0,071	0,063	0,115
Cambogia	0,000	0,000	0,000	Polinesia Francese	0,000	0,000	0,000
Camerun	0,000	0,000	0,000	Terre Australi e Antartiche Francesi	0,000	0,000	0,000
Canada	0,136	0,123	0,203	Gabon	0,000	0,000	0,000
Isole Cayman	0,000	0,000	0,000	Gambia	0,000	0,000	0,000
Repubblica Centrafricana	0,000	0,000	0,000	Georgia	0,000	0,000	0,000
Chad	0,000	0,000	0,000	Germania	0,434	0,410	0,541
Cile	0,071	0,063	0,116	Ghana	0,243	0,224	0,334
Repubblica Popolare Cinese	1,000	0,999	1,000	Gibilterra	0,000	0,000	0,000

Tabella B.1. Probabilità per le economie di essere fonte di importazioni di prodotti contraffatti e piratati in Italia *(continua)*

GTRIC-e, 2011-2013

Economia di provenienza	2011	2012	2013	Economia di provenienza	2011	2012	2013
Grecia	1,000	1,000	1,000	Mayotte	0,000	0,000	0,000
Groenlandia	0,000	0,000	0,000	Messico	0,059	0,052	0,099
Grenada	0,000	0,000	0,000	Micronesia	0,000	0,000	0,000
Guinea-Bissau	0,000	0,000	0,000	Moldavia	0,000	0,000	0,000
Guyana	0,000	0,000	0,000	Mongolia	0,000	0,000	0,000
Guam	0,000	0,000	0,000	Montenegro	0,000	0,000	0,000
Guatemala	0,000	0,000	0,000	Marocco	0,743	0,722	0,821
Haiti	0,000	0,000	0,000	Mozambico	0,000	0,000	0,000
Isole Heard e Isole Mcdonald	0,000	0,000	0,000	Birmania	0,000	0,000	0,000
Città del Vaticano	0,000	0,000	0,000	Namibia	0,000	0,000	0,000
Honduras	0,069	0,061	0,113	Nauru	0,000	0,000	0,000
Hong Kong (Cina)	1,000	1,000	1,000	Nepal	0,000	0,000	0,000
Ungheria	0,071	0,063	0,115	Paesi Bassi	0,213	0,196	0,299
Islanda	0,000	0,000	0,000	Nuova Caledonia	0,000	0,000	0,000
India	0,240	0,221	0,330	Nuova Zelanda	0,000	0,000	0,000
Indonesia	0,147	0,133	0,218	Nicaragua	0,000	0,000	0,000
Iran	0,068	0,060	0,112	Niger	0,000	0,000	0,000
Iraq	0,000	0,000	0,000	Nigeria	0,059	0,052	0,099
Irlanda	0,000	0,000	0,000	Niue	0,000	0,000	0,000
Israele	0,000	0,000	0,000	Isole Marianna Settentrionali	0,000	0,000	0,000
Italia	0,211	0,194	0,297	Norvegia	0,000	0,000	0,000
Giamaica	0,000	0,000	0,000	Oman	0,000	0,000	0,000
Giappone	0,068	0,060	0,112	Pakistan	0,536	0,511	0,640
Giordania	0,000	0,000	0,000	Autorità Nazionale Palestinese*	0,000	0,000	0,000
Kazakistan	0,000	0,000	0,000	Panama	0,000	0,000	0,000
Kenya	0,000	0,000	0,000	Papua Nuova Guinea	0,000	0,000	0,000
Kiribati	0,000	0,000	0,000	Paraguay	0,171	0,156	0,248
Corea	0,073	0,065	0,119	Perù	0,410	0,386	0,516
Kuwait	0,000	0,000	0,000	Filippine	0,541	0,517	0,645
Kirghizistan	0,000	0,000	0,000	Pitcairn	0,000	0,000	0,000
Repubblica Popolare Democratica del Laos	0,000	0,000	0,000	Polonia	0,000	0,000	0,000
Lettonia	0,000	0,000	0,000	Portogallo	0,154	0,139	0,226
Libano	0,174	0,159	0,252	Qatar	0,071	0,063	0,116
Lesotho	0,000	0,000	0,000	Romania	0,071	0,063	0,116
Liberia	0,000	0,000	0,000	Russia	0,071	0,063	0,115
Libia	0,223	0,204	0,310	Ruanda	0,000	0,000	0,000
Lituania	0,000	0,000	0,000	Sant'Elena	0,000	0,000	0,000
Lussemburgo	0,060	0,053	0,099	Saint Kitts e Nevis	0,000	0,000	0,000
Macao (Cina)	0,000	0,000	0,000	Santa Lucia	0,000	0,000	0,000
Madagascar	0,000	0,000	0,000	Saint Pierre e Miquelon	0,000	0,000	0,000
Malawi	0,000	0,000	0,000	Saint Vincent e Grenadines	0,000	0,000	0,000
Malesia	0,264	0,244	0,358	Samoa	0,000	0,000	0,000
Maldive	0,000	0,000	0,000	Sao Tome e Principe	0,000	0,000	0,000
Mali	0,000	0,000	0,000	Arabia Saudita	0,000	0,000	0,000
Malta	0,253	0,234	0,346	Senegal	1,000	1,000	1,000
Isole Marshall	0,000	0,000	0,000	Serbia	0,000	0,000	0,000
Mauritania	0,000	0,000	0,000	Seychelles	0,000	0,000	0,000
Mauritius	0,000	0,000	0,000	Sierra Leone	0,000	0,000	0,000

Tabella B.1. Probabilità per le economie di essere fonte di importazioni di prodotti contraffatti e piratati in Italia *(fine)*

GTRIC-e, 2011-2013

Economia di provenienza	2011	2012	2013	Economia di provenienza	2011	2012	2013
Singapore	0,639	0,615	0,733	Tokelau	0,000	0,000	0,000
Repubblica Slovacca	0,000	0,000	0,000	Tonga	0,000	0,000	0,000
Slovenia	0,756	0,736	0,832	Trinidad e Tobago	0,000	0,000	0,000
Isole Salomone	0,000	0,000	0,000	Tunisia	0,851	0,836	0,905
Somalia	0,000	0,000	0,000	Turchia	0,705	0,683	0,790
Sudafrica	0,062	0,055	0,103	Turkmenistan	0,000	0,000	0,000
Spagna	0,138	0,125	0,206	Isole Turks e Caicos	0,000	0,000	0,000
Sri Lanka	0,069	0,061	0,113	Tuvalu	0,000	0,000	0,000
Sudan	0,000	0,000	0,000	Uganda	0,000	0,000	0,000
Suriname	0,000	0,000	0,000	Ucraina	0,059	0,052	0,098
Swaziland	0,000	0,000	0,000	Emirati Arabi Uniti	0,955	0,949	0,975
Svezia	0,000	0,000	0,000	Regno Unito	0,214	0,196	0,300
Svizzera	0,229	0,210	0,317	Stati Uniti	0,209	0,191	0,294
Siria	0,367	0,343	0,471	Venezuela	0,069	0,061	0,112
Tagikistan	0,000	0,000	0,000	Vietnam	0,231	0,212	0,320
Tanzania	0,000	0,000	0,000	Wallis e Futuna	0,000	0,000	0,000
Thailandia	0,306	0,285	0,406	Yemen	0,000	0,000	0,000
Timor-Est	0,000	0,000	0,000	Zambia	0,000	0,000	0,000
Togo	0,000	0,000	0,000	Zimbabwe	0,000	0,000	0,000

Note: Un punteggio GTRIC-e elevato indica che un'economia è molto incline a essere fonte di prodotti contraffatti venduti in Italia, in termini assoluti o come quota delle importazioni italiane.

Nota della Turchia: le informazioni contenute in questo documento con riferimento a "Cipro" riguardano la parte meridionale dell'isola. Non esiste una singola autorità che rappresenti sia il popolo turco sia quello greco-cipriota sull'isola. La Turchia riconosce la Repubblica Turca di Cipro del nord (TRNC). Fino a quando non verrà individuata una soluzione equa e duratura in seno alle Nazioni Unite, la Turchia conserverà la propria posizione in merito alla "questione cipriota".

Nota di tutti gli Stati membri dell'Unione Europea aderenti all'OCSE e all'Unione Europea: La Repubblica di Cipro è riconosciuta da tutti i membri delle Nazioni Unite ad eccezione della Turchia. Le informazioni contenute in questo documento riguardano l'area sotto il controllo effettivo del Governo della Repubblica di Cipro.

I dati statistici per Israele sono forniti da e sotto la responsabilità delle autorità israeliane pertinenti. L'uso di tali dati da parte dell'OCSE non pregiudica lo status delle Alture del Golan, di Gerusalemme Est e degli insediamenti israeliani in Cisgiordania ai sensi del diritto internazionale.

Tabella B.2. Probabilità per le categorie merceologiche di essere oggetto di contraffazione e pirateria

GTRIC-p, 2011-2013

Categoria merceologica (codici SA)	2011	2012	2013
Prodotti alimentari (02-21)	0,238	0,233	0,194
Tabacco (24)	1,000	1,000	1,000
Prodotti farmaceutici (30)	0,283	0,276	0,234
Estratti per concia o per tinta (32)	0,390	0,382	0,333
Profumeria e cosmetica (33)	0,914	0,911	0,888
Saponi; sostanze albuminoidi; colle; esplosivi (34-37)	0,179	0,174	0,142
Prodotti vari delle industrie chimiche (38)	0,157	0,153	0,124
Materie plastiche e lavori di tali materie (39)	0,395	0,388	0,339
Gomma e lavori di gomma (40)	0,229	0,223	0,186
Articoli in pelle, borse (42)	1,000	1,000	0,999
Polpa e carta (47/48)	0,350	0,343	0,296
Prodotti della stampa (49)	0,879	0,875	0,845
Tappeti e scendiletto (57)	0,078	0,076	0,058
Finitura tessuti (58)	0,158	0,153	0,124
Abbigliamento e accessori (non lavorati a maglia o crochet) (62/65)	0,458	0,451	0,400
Abbigliamento, a maglia (61)	0,993	0,992	0,989
Altri articoli in tessuto (63)	0,186	0,181	0,148
Calzature (64)	0,970	0,968	0,957
Vetro e prodotti in vetro (70)	0,196	0,191	0,157
Gioielleria (71)	0,506	0,498	0,446
Ferro e acciaio, e lavori in tali materie (72/73)	0,315	0,309	0,264
Rame; nichel; alluminio; piombo; zinco; stagno; e lavori in queste materie (74-81)	0,078	0,075	0,058
Utensili e coltelleria in metallo comune (82)	0,257	0,251	0,211
Articoli vari in metallo comune (83)	0,165	0,160	0,130
Macchinari e apparecchiature meccaniche (84)	0,374	0,367	0,319
Macchinari elettrici ed elettronica (85)	0,846	0,841	0,807
Veicoli (87)	0,535	0,528	0,475
Strumenti e apparecchi di ottica, per fotografia e apparecchiature medicali (90)	0,870	0,866	0,835
Orologi (91)	1,000	1,000	1,000
Arredi (94)	0,193	0,188	0,154
Giochi e giocattoli (95)	0,987	0,987	0,981
Articoli vari (66/67/96)	1,000	1,000	1,000

Note: Un punteggio GTRIC-p elevato indica una categoria merceologica maggiormente oggetto di contraffazione, ovvero avente un importante valore in euro nel caso di prodotti contraffatti, o un'ampia quota di vendite in Italia nella categoria merceologica contraffatta. Le figure tra parentesi sono i codici del Sistema Armonizzato (SA) come definiti dalle Statistiche sugli scambi commerciali delle Nazioni Unite (UN Trade Statistics, 2017). I valori di GTRIC-p sono zero per le categorie SA non elencate in questa tabella.

Tabella B.3. Stime delle importazioni di merci contraffatte e piratate in Italia per categoria merceologica, 2011-2013

Unità	Valore in milioni di euro			Quota di importazioni all'interno della categoria		
Categoria HS	2011	2012	2013	2011	2012	2013
Prodotti alimentari (02-21)	464,0	418,0	481,0	1,5%	1,3%	1,5%
Tabacco (24)	138,0	127,0	158,0	6,2%	5,8%	7,7%
Prodotti farmaceutici (30)	257,0	246,0	297,0	1,6%	1,5%	1,9%
Estratti per concia o per tinta (32)	70,3	61,6	71,5	3,2%	3,0%	3,5%
Profumeria e cosmetica (33)	106,0	96,3	134,0	4,6%	4,2%	5,8%
Saponi; sostanze albuminoidi; colle; esplosivi (34-37)	27,2	24,1	26,8	1,3%	1,2%	1,3%
Prodotti vari delle industrie chimiche (38)	48,4	45,4	48,6	0,9%	0,8%	1,0%
Materie plastiche e lavori di tali materie (39)	466,0	408,0	476,0	3,0%	2,7%	3,1%
Gomma e lavori di gomma (40)	81,3	64,2	68,1	1,7%	1,6%	1,7%
Articoli in pelle, borse (42)	359,0	346,0	352,0	15,5%	14,8%	15,3%
Polpa e carta (47/48)	122,0	99,7	115,0	1,8%	1,6%	1,9%
Prodotti della stampa (49)	49,6	47,1	54,7	8,0%	7,9%	9,6%
Tappeti e scendiletto (57)	1,4	1,2	1,2	0,7%	0,7%	0,7%
Finitura tessuti (58)	4,2	4,0	3,5	2,0%	1,9%	1,6%
Abbigliamento, a maglia (61)	784,0	675,0	725,0	12,3%	11,5%	12,7%
Abbigliamento e accessori (non lavorati a maglia o crochet) (62/65)	425,0	359,0	328,0	6,5%	6,0%	5,8%
Altri articoli in tessuto (63)	24,8	20,6	20,0	2,5%	2,4%	2,2%
Calzature (64)	472,0	430,0	495,0	9,7%	9,5%	10,8%
Vetro e prodotti in vetro (70)	29,1	24,7	24,1	1,8%	1,7%	1,6%
Gioielleria (71)	256,0	252,0	283,0	2,9%	2,5%	3,6%
Ferro e acciaio, e lavori in tali materie (72/73)	493,0	365,0	392,0	2,2%	2,0%	2,2%
Rame; nichel; alluminio; piombo; zinco; e lavori in queste materie (74-81)	86,4	68,8	64,2	0,6%	0,6%	0,5%
Utensili e coltelleria in metallo comune (82)	30,5	25,4	27,6	2,5%	2,2%	2,4%
Articoli vari in metallo comune (83)	21,6	18,9	17,6	1,8%	1,6%	1,5%
Macchinari e apparecchiature meccaniche (84)	1.130,0	1.050,0	1.080,0	3,5%	3,4%	3,5%
Macchinari elettrici ed elettronica (85)	3.120,0	2.230,0	2.260,0	9,6%	8,3%	9,3%
Veicoli (87)	1.270,0	897,0	1.020,0	4,0%	3,6%	4,2%
Strumenti e apparecchi di ottica, per fotografia e apparecchiature medicali (90)	668,0	629,0	781,0	7,4%	7,3%	9,0%
Orologi (91)	102,0	101,0	128,0	8,7%	7,8%	9,8%
Arredi (94)	63,8	56,6	51,4	2,3%	2,2%	2,0%
Giochi e giocattoli (95)	312,0	262,0	247,0	14,3%	13,4%	14,3%
Articoli vari (66/67/96)	115,0	109,0	126,0	14,2%	11,8%	13,4%

Note: Le figure tra parentesi sono i codici del Sistema Armonizzato (SA) come definiti dalle Statistiche sugli scambi commerciali delle Nazioni Unite (UN Trade Statistics, 2017). I valori sono pari a zero per le categorie SA non elencante in questa tabella.

Tabella B.4. Probabilità per le economie di importare prodotti contraffatti che violano i DPI italiani

GTRIC-e per le economie di destinazione, 2011-2013

Economia di destinazione	2011	2012	2013	Economia di destinazione	2011	2012	2013
Afghanistan	0,000	0,000	0,000	Congo	0,836	0,836	0,835
Albania	0,670	0,670	0,668	Isole Cook	0,000	0,000	0,000
Algeria	0,289	0,289	0,288	Costa Rica	0,000	0,000	0,000
Samoa americane	0,000	0,000	0,000	Costa d'Avorio	0,000	0,000	0,000
Andorra	0,000	0,000	0,000	Croazia	0,204	0,204	0,203
Angola	0,000	0,000	0,000	Cuba	0,000	0,000	0,000
Anguilla	0,000	0,000	0,000	Curaçao	0,000	0,000	0,000
Antigua e Barbuda	0,000	0,000	0,000	Cipro*	0,485	0,485	0,483
Argentina	0,554	0,554	0,552	Repubblica Ceca	0,883	0,883	0,882
Armenia	0,000	0,000	0,000	Repubblica Popolare Democratica di Corea	0,000	0,000	0,000
Aruba	0,000	0,000	0,000	Repubblica Democratica del Congo	1,000	1,000	1,000
Australia	0,198	0,198	0,196	Danimarca	0,310	0,310	0,308
Austria	0,290	0,290	0,288	Gibuti	0,397	0,397	0,396
Azerbaigian	0,000	0,000	0,000	Dominica	0,000	0,000	0,000
Bahamas	0,146	0,146	0,145	Repubblica Dominicana	0,162	0,162	0,161
Bahrein	0,000	0,000	0,000	Ecuador	0,000	0,000	0,000
Bangladesh	0,000	0,000	0,000	Egitto	0,000	0,000	0,000
Barbados	0,000	0,000	0,000	El Salvador	0,164	0,164	0,163
Bielorussia	0,000	0,000	0,000	Guinea Equatoriale	0,000	0,000	0,000
Belgio	0,416	0,416	0,414	Eritrea	0,000	0,000	0,000
Belize	0,000	0,000	0,000	Estonia	0,308	0,308	0,307
Benin	0,000	0,000	0,000	Etiopia	0,000	0,000	0,000
Bermuda	0,000	0,000	0,000	Isole Falkland (Malvine)	0,000	0,000	0,000
Bhutan	0,000	0,000	0,000	Isole Faroe	0,000	0,000	0,000
Bolivia	0,000	0,000	0,000	Fiji	0,000	0,000	0,000
Bonaire	0,000	0,000	0,000	Finlandia	0,537	0,537	0,535
Bosnia-Erzegovina	0,354	0,354	0,353	Ex Repubblica Jugoslava di Macedonia	0,439	0,439	0,438
Botswana	0,000	0,000	0,000	Francia	0,330	0,330	0,329
Isola Bouvet	0,000	0,000	0,000	Polinesia Francese	0,000	0,000	0,000
Brasile	0,147	0,147	0,146	Terre Australi e Antartiche Francesi	0,000	0,000	0,000
Isole Vergini Britanniche	0,000	0,000	0,000	Gabon	0,000	0,000	0,000
Brunei Darussalam	0,000	0,000	0,000	Gambia	0,000	0,000	0,000
Bulgaria	0,719	0,719	0,717	Georgia	0,000	0,000	0,000
Burkina Faso	0,000	0,000	0,000	Germania	0,363	0,363	0,362
Burundi	0,000	0,000	0,000	Ghana	0,155	0,155	0,154
Capo Verde	0,000	0,000	0,000	Gibilterra	0,000	0,000	0,000
Cambogia	0,000	0,000	0,000	Grecia	0,000	0,000	0,000
Camerun	0,000	0,000	0,000	Groenlandia	0,000	0,000	0,000
Canada	0,000	0,000	0,000	Grenada	0,000	0,000	0,000
Isole Cayman	0,000	0,000	0,000	Guam	0,000	0,000	0,000
Repubblica Centrafricana	0,000	0,000	0,000	Guatemala	0,000	0,000	0,000
Chad	0,000	0,000	0,000	Guinea	0,878	0,878	0,877
Cile	0,568	0,568	0,566	Guinea-Bissau	0,000	0,000	0,000
Repubblica Popolare Cinese	0,285	0,285	0,283	Guyana	0,000	0,000	0,000
Isola di Natale	0,000	0,000	0,000	Haiti	0,000	0,000	0,000
Isole Cocos (Keeling)	0,000	0,000	0,000	Città del Vaticano	0,000	0,000	0,000
Colombia	0,389	0,389	0,388	Honduras	0,000	0,000	0,000
Comore	0,000	0,000	0,000	Hong Kong (Cina)	0,000	0,000	0,000

Tabella B.4. Probabilità per le economie di importare prodotti contraffatti che violano i DPI italiani *(continua)*

GTRIC-e per le economie di destinazione, 2011-2013

Economia di destinazione	2011	2012	2013	Economia di destinazione	2011	2012	2013
Ungheria	0,659	0,659	0,657	Paesi Bassi	0,423	0,423	0,421
Islanda	0,000	0,000	0,000	Nuova Caledonia	0,000	0,000	0,000
India	0,000	0,000	0,000	Nuova Zelanda	0,000	0,000	0,000
Indonesia	0,000	0,000	0,000	Nicaragua	0,000	0,000	0,000
Iran	0,000	0,000	0,000	Niger	0,000	0,000	0,000
Iraq	0,000	0,000	0,000	Nigeria	0,000	0,000	0,000
Irlanda	0,432	0,432	0,431	Niue	0,000	0,000	0,000
Israele	0,271	0,271	0,269	Isola Norfolk	0,000	0,000	0,000
Giamaica	0,000	0,000	0,000	Isole Marianna Settentrionali	0,000	0,000	0,000
Giappone	0,474	0,474	0,472	Norvegia	0,000	0,000	0,000
Giordania	0,000	0,000	0,000	Oman	0,000	0,000	0,000
Kazakistan	0,000	0,000	0,000	Pakistan	0,000	0,000	0,000
Kenya	0,000	0,000	0,000	Palau	0,000	0,000	0,000
Kiribati	0,000	0,000	0,000	Autorità Nazionale Palestinese*	0,000	0,000	0,000
Corea	0,146	0,146	0,145	Panama	0,000	0,000	0,000
Kuwait	0,994	0,994	0,994	Papua Nuova Guinea	0,000	0,000	0,000
Kirghizistan	0,000	0,000	0,000	Paraguay	1,000	1,000	1,000
Repubblica Popolare Democratica del Laos	0,000	0,000	0,000	Perù	0,000	0,000	0,000
Lettonia	0,529	0,529	0,527	Filippine	0,000	0,000	0,000
Libano	0,000	0,000	0,000	Pitcairn	0,000	0,000	0,000
Lesotho	0,000	0,000	0,000	Polonia	0,284	0,284	0,282
Liberia	0,000	0,000	0,000	Portogallo	0,833	0,833	0,832
Libia	0,150	0,150	0,149	Qatar	0,000	0,000	0,000
Lituania	0,286	0,286	0,285	Romania	0,403	0,403	0,401
Lussemburgo	0,361	0,361	0,359	Russia	0,313	0,313	0,311
Macao (Cina)	0,000	0,000	0,000	Ruanda	0,000	0,000	0,000
Madagascar	0,000	0,000	0,000	Saint-Barthélemy	0,000	0,000	0,000
Malawi	0,000	0,000	0,000	Sant'Elena	0,000	0,000	0,000
Malesia	0,000	0,000	0,000	Saint Kitts e Nevis	0,000	0,000	0,000
Maldive	0,000	0,000	0,000	Santa Lucia	0,000	0,000	0,000
Mali	0,000	0,000	0,000	Saint Pierre e Miquelon	0,000	0,000	0,000
Malta	0,345	0,345	0,343	Saint Vincent e Grenadines	0,000	0,000	0,000
Isole Marshall	0,000	0,000	0,000	Samoa	0,000	0,000	0,000
Mauritania	0,000	0,000	0,000	San Marino	0,147	0,147	0,146
Mauritius	0,149	0,149	0,148	Sao Tome e Principe	0,000	0,000	0,000
Mayotte	0,000	0,000	0,000	Arabia Saudita	0,340	0,340	0,339
Messico	0,146	0,146	0,145	Senegal	0,161	0,161	0,160
Micronesia	0,000	0,000	0,000	Serbia	0,290	0,290	0,289
Moldavia	0,000	0,000	0,000	Seychelles	0,000	0,000	0,000
Mongolia	0,000	0,000	0,000	Sierra Leone	0,000	0,000	0,000
Montenegro	0,638	0,638	0,636	Singapore	0,000	0,000	0,000
Montserrat	0,000	0,000	0,000	Sint Maarten	0,000	0,000	0,000
Marocco	0,467	0,467	0,466	Repubblica Slovacca	0,483	0,483	0,481
Mozambico	0,000	0,000	0,000	Slovenia	0,374	0,374	0,372
Birmania	0,000	0,000	0,000	Isole Salomone	0,000	0,000	0,000
Namibia	0,000	0,000	0,000	Somalia	0,000	0,000	0,000
Nauru	0,000	0,000	0,000	Sudafrica	0,000	0,000	0,000

Tabella B.4. Probabilità per le economie di importare prodotti contraffatti che violano i DPI italiani *(fine)*

GTRIC-e per le economie di destinazione, 2011-2013

Economia di destinazione	2011	2012	2013	Economia di destinazione	2011	2012	2013
Sudan del Sud	0,000	0,000	0,000	Turchia	0,146	0,146	0,145
Spagna	0,875	0,875	0,874	Turkmenistan	0,000	0,000	0,000
Sri Lanka	0,000	0,000	0,000	Isole Turks e Caicos	0,000	0,000	0,000
Sudan	0,408	0,408	0,406	Tuvalu	0,000	0,000	0,000
Suriname	0,000	0,000	0,000	Uganda	0,000	0,000	0,000
Swaziland	0,000	0,000	0,000	Ucraina	0,296	0,296	0,294
Svezia	0,304	0,304	0,302	Emirati Arabi Uniti	0,284	0,284	0,283
Svizzera	0,284	0,284	0,283	Regno Unito	0,619	0,619	0,617
Siria	0,000	0,000	0,000	Stati Uniti	0,374	0,374	0,373
Tagikistan	0,000	0,000	0,000	Uruguay	0,000	0,000	0,000
Tanzania	0,000	0,000	0,000	Uzbekistan	0,000	0,000	0,000
Thailandia	0,000	0,000	0,000	Vanuatu	0,000	0,000	0,000
Timor-Est	0,000	0,000	0,000	Venezuela	0,291	0,291	0,289
Togo	0,991	0,991	0,991	Vietnam	0,218	0,218	0,216
Tokelau	0,000	0,000	0,000	Wallis e Futuna	0,000	0,000	0,000
Tonga	0,000	0,000	0,000	Yemen	0,174	0,174	0,173
Trinidad e Tobago	0,000	0,000	0,000	Zambia	0,000	0,000	0,000
Tunisia	0,000	0,000	0,000	Zimbabwe	0,000	0,000	0,000

Note: Un punteggio GTRIC-e elevato indica che un'economia è molto incline a essere mercato di destinazione di prodotti contraffatti che violano marchi e brevetti italiani, in termini assoluti o come quota delle vendite italiane.

Nota della Turchia: le informazioni contenute in questo documento con riferimento a "Cipro" riguardano la parte meridionale dell'isola. Non esiste una singola autorità che rappresenti sia il popolo turco sia quello greco-cipriota sull'isola. La Turchia riconosce la Repubblica Turca di Cipro del nord (TRNC). Fino a quando non verrà individuata una soluzione equa e duratura in seno alle Nazioni Unite, la Turchia conserverà la propria posizione in merito alla "questione cipriota".

Nota di tutti gli Stati membri dell'Unione Europea aderenti all'OCSE e all'Unione Europea: La Repubblica di Cipro è riconosciuta da tutti i membri delle Nazioni Unite ad eccezione della Turchia. Le informazioni contenute in questo documento riguardano l'area sotto il controllo effettivo del Governo della Repubblica di Cipro.

I dati statistici per Israele sono forniti da e sotto la responsabilità delle autorità israeliane pertinenti. L'uso di tali dati da parte dell'OCSE non pregiudica lo status delle Alture del Golan, di Gerusalemme Est e degli insediamenti israeliani in Cisgiordania ai sensi del diritto internazionale.

Tabella B.5. Probabilità che le categorie merceologiche siano oggetto di violazioni della PI italiana

GTRIC-p per i beni che violano i DPI italiani, 2011-2013

Categoria SA	2011	2012	2013
Prodotti alimentari (02-21)	0,227	0,227	0,122
Estratti per concia o per tinta (32)	0,098	0,098	0,042
Profumeria e cosmetica (33)	0,997	0,997	0,990
Materie plastiche e lavori di tali materie (39)	0,255	0,255	0,141
Articoli in pelle, borse (42)	1,000	1,000	0,999
Polpa e carta (47/48)	0,210	0,210	0,110
Prodotti della stampa (49)	0,211	0,211	0,111
Tappeti e scendiletto (57)	0,180	0,180	0,091
Finitura tessuti (58)	0,987	0,987	0,962
Tessuti lavorati a maglia (60)	0,324	0,324	0,192
Abbigliamento, a maglia (61)	0,988	0,988	0,965
Abbigliamento e accessori (non lavorati a maglia o crochet) (62/65)	0,996	0,996	0,986
Altri articoli in tessuto (63)	0,384	0,384	0,241
Calzature (64)	0,853	0,853	0,737
Vetro e prodotti in vetro (70)	0,299	0,299	0,173
Gioielleria (71)	0,439	0,439	0,288
Ferro e acciaio, e lavori in tali materie (72/73)	0,104	0,104	0,046
Utensili e coltelleria in metallo comune (82)	0,272	0,272	0,154
Articoli vari in metallo comune (83)	0,620	0,620	0,460
Macchinari e apparecchiature meccaniche (84)	0,213	0,213	0,112
Macchinari elettrici ed elettronica (85)	0,320	0,320	0,189
Veicoli (87)	0,213	0,213	0,112
Strumenti e apparecchi di ottica, per fotografia e apparecchiature medicali (90)	1,000	1,000	1,000
Orologi (91)	1,000	1,000	1,000
Strumenti musicali (92)	0,098	0,098	0,042
Mobili (94)	0,099	0,099	0,043
Giochi e giocattoli (95)	0,491	0,491	0,334
Articoli vari (66/67/96)	0,240	0,240	0,130

Note: Un punteggio GTRIC-p elevato implica che una data categoria merceologica contenga alti valori di marchi e brevetti italiani suscettibili alla contraffazione e pirateria a livello globale in termini assoluti (ad es. in euro) o che un'ampia quota della produzione di merci associate a un marchio o a un brevetto italiano in questa categoria merceologica sia contraffatta o piratata. Le cifre tra parentesi sono i codici del Sistema Armonizzato (SA) come definiti dalle Statistiche sugli scambi commerciali delle Nazioni Unite (UN Trade Statistics, 2017). I valori sono pari a zero per le categorie SA non elencate in questa tabella.

Tabella B.6. Corrispondenza tra le categorie SA e i settori

Settore	Categoria SA
Alimenti, bevande e tabacco	Prodotti alimentari (02-21)
	Bevande (22)
	Residui dell'industria alimentare (23)
	Tabacco (24)
Prodotti chimici e correlati a eccezione di prodotti farmaceutici, profumi e cosmetici	Fertilizzanti (31)
	Prodotti vari delle industrie chimiche (38)
	Estratti per concia o per tinta (32)
	Prodotti chimici organici e inorganici (28/29)
	Saponi; sostanze albuminoidi; colle; esplosivi (34-37)

Tabella B.6. Corrispondenza tra le categorie SA e i settori *(continua)*

Settore	Categoria SA
Prodotti chimici per uso medico e farmaceutico	Prodotti farmaceutici (30)
Profumeria e cosmetica	Profumeria e cosmetica (33)
Tessuti e altri prodotti intermedi (ad es. plastica, gomma, carta, legno)	Filamenti sintetici e artificiali e fibre in fiocco (54/55)
	Ovatte; corde; funi; manufatti di corderia (56)
	Legno e articoli di legno (44)
	Altri prodotti tessili n.c.a. (59)
	Sughero; lavori di sughero e di intreccio (45/46)
	Finitura tessuti (58)
	Polpa e carta (47/48)
	Pelli da pellicceria e pellicce artificiali (43)
	Pelli e cuoio (41)
	Seta; lana, e altre fibre tessili vegetali (50-53)
	Materie plastiche e lavori di tali materie (39)
	Gomma e lavori di gomma (40)
Abbigliamento, calzature, articoli in pelle e correlati	Altri articoli in tessuto (63)
	Abbigliamento e accessori (non lavorati a maglia o crochet) (62/65)
	Abbigliamento, a maglia (61)
	Calzature (64)
	Tessuti lavorati a maglia (60)
	Articoli in pelle, borse (42)
Orologi e gioielleria	Gioielleria (71)
	Orologi (91)
Prodotti minerali non metallici (ad es. vetro e prodotti in vetro, prodotti in ceramica)	Prodotti ceramici (69)
	Lavori di pietre, gesso e cemento (68)
	Vetro e prodotti in vetro (70)
Metalli comuni e prodotti in metallo (tranne macchinari e attrezzature)	Rame; nichel; alluminio; piombo; zinco; stagno; e lavori in queste materie (74-81)
	Utensili e coltelleria in metallo comune (82)
	Ferro e acciaio, e lavori in tali materie (72/73)
	Articoli vari in metallo comune (83)
Elettrodomestici, apparecchiature elettroniche e per le telecomunicazioni	Macchinari elettrici ed elettronica (85)
	Strumenti e apparecchi di ottica, per fotografia e apparecchiature medicali (90)
Macchinari, attrezzature industriali, computer e periferiche, navi e aerei	Ferrovie (86)
	Aeromobili (88)
	Navi (89)
	Macchinari e apparecchiature meccaniche (84)
Veicoli a motore e motocicli	Veicoli (87)
Beni per uso culturale e di intrattenimento domestico come giochi e giocattoli, libri e strumenti musicali	Giochi e giocattoli (95)
	Prodotti della stampa (49)
	Strumenti musicali (92)
Arredi, apparecchi d'illuminazione, tappeti e altri prodotti non classificati altrove	Tappeti e scendiletto (57)
	Armi e munizioni (93)
	Mobili (94)
	Articoli vari (66/67/96)

Note: Le cifre tra parentesi sono i codici del Sistema Armonizzato (SA) come definiti dalle Statistiche sugli scambi commerciali delle Nazioni Unite (UN Trade Statistics, 2017). I "settori" sono stati costruiti per le finalità del presente studio al fine di fondere le categorie merceologiche SA, la NACE C (attività manifatturiere) e la NACE G (commercio all'ingrosso e al dettaglio) in un quadro analitico unificato.

Tabella B.7. Corrispondenza tra le categorie NACE C e i settori

Settore	Codice NACE Rev 2.	Descrizione NACE Rev.2
Alimenti, bevande e tabacco	C1000	Industrie alimentari
	C1100	Industria delle bevande
	C1200	Industria del tabacco
Prodotti chimici e correlati a eccezione di prodotti farmaceutici, profumi e cosmetici	C2011	Fabbricazione di gas industriali
	C2012	Fabbricazione di coloranti e pigmenti
	C2013	Fabbricazione di altri prodotti chimici di base inorganici
	C2014	Fabbricazione di altri prodotti chimici di base organici
	C2015	Fabbricazione di fertilizzanti e di composti azotati
	C2016	Fabbricazione di materie plastiche in forme primarie
	C2017	Fabbricazione di gomma sintetica in forme primarie
	C2020	Fabbricazione di pesticidi e altri prodotti chimici per l'agricoltura
	C2030	Fabbricazione di pitture, vernici e rivestimenti simili, inchiostri da stampa e mastici
	C2041	Fabbricazione di saponi e detergenti
	C2051	Fabbricazione di articoli esplosivi
	C2052	Fabbricazione di colle
	C2059	Fabbricazione di altri prodotti chimici n.c.a.
Prodotti chimici per uso medico e farmaceutico	C2100	Fabbricazione di prodotti farmaceutici di base e di preparati farmaceutici
Profumeria e cosmetica	C2042	Fabbricazione di profumi e prodotti per toletta
	C2053	Fabbricazione di oli essenziali
	C2500	Fabbricazione di prodotti in metallo
Elettrodomestici, apparecchiature elettroniche e per le telecomunicazioni	C2610	Fabbricazione di componenti elettronici e schede elettroniche
	C2630	Fabbricazione di apparecchiature per le comunicazioni
	C2640	Fabbricazione di prodotti di elettronica di consumo
	C2651	Fabbricazione di strumenti e apparecchi di misurazione, prova e navigazione
	C2660	Fabbricazione di strumenti per irradiazione, apparecchiature elettromedicali ed elettroterapeutiche
	C2670	Fabbricazione di strumenti ottici e attrezzature fotografiche
	C2680	Fabbricazione di supporti ottici e magnetici
	C2720	Fabbricazione di batterie e accumulatori
	C2731	Fabbricazione di cavi a fibre ottiche
	C2732	Fabbricazione di altri fili e cavi elettronici ed elettrici
	C2733	Fabbricazione di attrezzature per cablaggio
	C2740	Fabbricazione di apparecchiature per illuminazione
	C2790	Fabbricazione di altre apparecchiature elettriche
Macchinari, attrezzature industriali, computer e periferiche, navi e aerei	C2620	Fabbricazione di computer e unità periferiche
	C2711	Fabbricazione di motori, generatori e trasformatori elettrici
	C2712	Fabbricazione di apparecchiature per la distribuzione e il controllo dell'elettricità
	C2750	Fabbricazione di elettrodomestici
	C2800	Fabbricazione di macchinari e apparecchiature n.c.a.
	C3000	Fabbricazione di altri mezzi di trasporto

Tabella B.7. Corrispondenza tra le categorie NACE C e i settori *(continua)*

Settore	Codice NACE Rev 2.	Descrizione NACE Rev.2
Veicoli a motore e motocicli	C2900	Fabbricazione di autoveicoli
Tessuti e altri prodotti intermedi (ad es. plastica, gomma, carta, legno)	C1300	Industrie tessili
	C1600	Industria del legno e dei prodotti in legno e sughero
	C1700	Fabbricazione di carta e di prodotti di carta
	C1800	Stampa e riproduzione di supporti registrati
	C2060	Fabbricazione di fibre sintetiche e artificiali
	C2200	Fabbricazione di articoli in gomma e materie plastiche
Abbigliamento, calzature, articoli in pelle e correlati	C1400	Confezione di articoli di abbigliamento
	C1500	Fabbricazione di articoli in pelle e simiili
Orologi e gioielleria	C2652	Fabbricazione di orologi
	C3210	Fabbricazione di gioielleria, bigiotteria e articoli connessi
Metalli comuni e prodotti in metallo (tranne macchinari e attrezzature)	C2400	Metallurgia
	C2500	Fabbricazione di prodotti in metallo
Prodotti minerali non metallici (ad es. vetro e prodotti in vetro, prodotti in ceramica)	C2300	Fabbricazione di altri prodotti della lavorazione di minerali non metalliferi
Macchinari, attrezzature industriali, computer e periferiche, navi e aerei	C2620	Fabbricazione di computer e unità periferiche
	C2711	Fabbricazione di motori, generatori e trasformatori elettrici
	C2712	Fabbricazione di apparecchiature per la distribuzione e il controllo dell'elettricità
	C2750	Fabbricazione di elettrodomestici
	C2800	Fabbricazione di macchinari e apparecchiature n.c.a.
	C3000	Fabbricazione di altri mezzi di trasporto
Beni per uso culturale e di intrattenimento domestico come giochi e giocattoli, libri e strumenti musicali	C3220	Fabbricazione di strumenti musicali
	C3230	Fabbricazione di articoli sportivi
	C3240	Fabbricazione di giochi e giocattoli
Veicoli a motore e motocicli	C2900	Fabbricazione di autoveicoli
Arredi, apparecchi d'illuminazione, tappeti e altri prodotti non classificati altrove	C3100	Fabbricazione di mobili
	C3250	Fabbricazione di strumenti e forniture per uso medico e dentistico
	C3290	Industrie manifatturiere n.c.a

Nota: NACE C è la classificazione statistica delle attività economiche per le industrie manifatturiere dell'Union Europea. È una classificazione a quattro cifre che offre un quadro per la raccolta e la presentazione di un'ampia gamma di dati statistici secondo le attività economiche nei campi dell'economia statistica (ad esempio, produzione, occupazione e contabilità nazionale) e in altri domini statistici sviluppati nell'ambito del Sistema Statistico Europeo (ESS). Per maggiori informazioni, è possibile consultare la seguente page web: http://ec.europa.eu/eurostat/statistics-explained/index.php/Main_Page. I "settori" sono stati costruiti per le finalità del presente studio al fine di fondere le categorie merceologiche SA, la NACE C (attività manifatturiere) e la NACE G (commercio all'ingrosso e al dettaglio) in un quadro analitico unificato.

Tabella B.8. Corrispondenza tra le categorie NACE G e i settori

Settore	Codice NACE	Descrizione NACE
Alimenti, bevande e tabacco	G4617	Intermediari del commercio di prodotti alimentari, bevande e tabacco
	G4723	Commercio al dettaglio di pesci, crostacei e molluschi in esercizi specializzati
	G4638	Commercio all'ingrosso di altri prodotti alimentari, inclusi pesci, crostacei e molluschi
	G4634	Commercio all'ingrosso di bevande
	G4721	Commercio al dettaglio di frutta e verdura in esercizi specializzati
	G4726	Commercio al dettaglio di prodotti del tabacco in esercizi specializzati
	G4632	Commercio all'ingrosso di carni e di prodotti a base di carne
	G4633	Commercio all'ingrosso di prodotti lattiero-caseari, uova, oli e grassi commestibili
	G4635	Commercio all'ingrosso di prodotti del tabacco
	G4729	Commercio al dettaglio di altri prodotti alimentari in esercizi specializzati
	G4781	Commercio al dettaglio ambulante in bancarelle e mercati di prodotti alimentari, bevande e tabacco
	G4631	Commercio all'ingrosso di frutta e ortaggi
	G4636	Commercio all'ingrosso di zucchero, cioccolato e dolciumi
	G4724	Commercio al dettaglio di pane, pasticceria e dolciumi in esercizi specializzati
	G4722	Commercio al dettaglio di carni
	G4637	Commercio all'ingrosso di caffè, tè, cacao e spezie
	G4639	Commercio all'ingrosso non specializzato di prodotti alimentari, bevande e tabacco
	G4711	Commercio al dettaglio in esercizi non specializzati con prevalenza di prodotti alimentari, bevande o tabacco
	G4725	Commercio al dettaglio di bevande in esercizi specializzati
Prodotti chimici e correlati a eccezione di prodotti farmaceutici, profumi e cosmetici	G4675	Commercio all'ingrosso di prodotti chimici
Prodotti chimici per uso medico e farmaceutico	G4646	Commercio all'ingrosso di prodotti farmaceutici
Profumeria e cosmetica	G4775	Commercio al dettaglio di cosmetici
	G4645	Commercio all'ingrosso di profumi e cosmetici
Tessuti e altri prodotti intermedi (ad es. plastica, gomma, carta, legno)	G4676	Commercio all'ingrosso di altri prodotti intermedi
	G4751	Commercio all'ingrosso di computer, apparecchiature informatiche periferiche e di software
	G4641	Commercio all'ingrosso di prodotti tessili
	G4673	Commercio all'ingrosso di legname, materiali da costruzione e apparecchi igienico-sanitari
Abbigliamento, calzature, articoli in pelle e correlati	G4771	Commercio al dettaglio di articoli di abbigliamento in esercizi specializzati
	G4782	Commercio al dettaglio ambulante in bancarelle e mercati di prodotti tessili, abbigliamento e calzature
	G4642	Commercio all'ingrosso di abbigliamento e di calzature
	G4616	Intermediari del commercio di prodotti tessili, abbigliamento, calzature e articoli in pelle
	G4773	Commercio al dettaglio di medicinali in esercizi specializzati
	G4772	Commercio al dettaglio di calzature e articoli in pelle in esercizi specializzati
Orologi e gioielleria	G4648	Commercio all'ingrosso di orologi e di gioielleria
	G4777	Commercio al dettaglio di orologi e articoli di gioielleria in esercizi specializzati

Tabella B.8. Corrispondenza tra le categorie NACE G e i settori *(continua)*

Settore	Codice NACE	Descrizione NACE
Prodotti minerali non metallici (ad es. vetro e prodotti in vetro, prodotti in ceramica)	G4752	Commercio al dettaglio di ferramenta, vernici e vetro in esercizi specializzati
	G4644	Commercio all'ingrosso di porcellana, cristalleria prodotti per la pulizia
Metalli comuni e prodotti in metallo (tranne macchinari e attrezzature)	G4613	Agenti e rappresentanti del commercio di legname e materiali da costruzione
	G4672	Commercio all'ingrosso di metalli e di minerali metalliferi
	G4677	Commercio all'ingrosso di rottami e cascami
	G4674	Commercio all'ingrosso di ferramenta, di apparecchi e accessori per impianti idraulici e di riscaldamento
Elettrodomestici, apparecchiature elettroniche e per le telecomunicazioni	G4743	Commercio al dettaglio di apparecchiature audio e video in esercizi specializzati
	G4742	Commercio al dettaglio di apparecchiature per le telecomunicazioni in esercizi specializzati
	G4774	Commercio al dettaglio di articoli medicali e ortopedici in esercizi specializzati
	G4754	Commercio al dettaglio di elettrodomestici in esercizi specializzati
	G4652	Commercio all'ingrosso di apparecchiature elettroniche e per telecomunicazioni e di loro componenti
	G4643	Commercio all'ingrosso di elettrodomestici
Macchinari, attrezzature industriali, computer e periferiche, navi e aerei	G4614	Intermediari del commercio di macchinari, impianti industriali, navi e aeromobili
	G4651	Commercio all'ingrosso di computer, apparecchiature informatiche periferiche e di software
	G4661	Commercio all'ingrosso di macchinari, attrezzature e forniture agricole
	G4663	Commercio all'ingrosso di macchinari per l'estrazione, l'edilizia e l'ingegneria civile
	G4666	Commercio all'ingrosso di altri macchinari e attrezzature per ufficio
	G4741	Commercio al dettaglio di computer, unità periferiche e software in esercizi specializzati
	G4669	Commercio all'ingrosso di altri macchinari e attrezzature
	G4662	Commercio all'ingrosso di macchine utensili
	G4664	Commercio all'ingrosso di macchinari per l'industria tessile, di macchine per cucire e per maglieria
Veicoli a motore e motocicli	G4511	Commercio di autovetture e di autoveicoli leggeri
	G4540	Commercio, manutenzione e riparazione di motocicli e parti ed accessori correlati
	G4520	Manutenzione e riparazione di autoveicoli
	G4532	Commercio al dettaglio di parti e accessori di autoveicoli
	G4531	Commercio all'ingrosso di parti e accessori di autoveicoli
	G4519	Commercio di altri autoveicoli

Tabella B.8. Corrispondenza tra le categorie NACE G e i settori *(fine)*

Settore	Codice NACE	Descrizione NACE
Beni per uso culturale e di intrattenimento domestico come giochi e giocattoli, libri e strumenti musicali	G4764	Commercio al dettaglio di articoli sportivi in esercizi specializzati
	G4763	Commercio al dettaglio di registrazioni musicali e video in esercizi specializzati
	G4649	Commercio all'ingrosso di altri beni di consumo
	G4765	Commercio al dettaglio di giochi e giocattoli in esercizi specializzati
	G4761	Commercio al dettaglio di libri in esercizi specializzati
	G4762	Commercio al dettaglio di giornali e articoli di cartoleria in esercizi specializzati
Arredi, apparecchi d'illuminazione, tappeti e altri prodotti non classificati altrove	G4690	Commercio all'ingrosso non specializzato
	G4665	Commercio all'ingrosso di mobili per ufficio
	G4719	Commercio al dettaglio in altri esercizi non specializzati
	G4753	Commercio al dettaglio di tappeti, scendiletto e rivestimenti per pavimenti e pareti in esercizi specializzati
	G4759	Commercio al dettaglio di mobili, di articoli per l'illuminazione e altri articoli per la casa in esercizi specializzati
	G4615	Intermediari del commercio di mobili, articoli per la casa e ferramenta
	G4647	Commercio all'ingrosso di mobili, tappeti e articoli per l'illuminazione
	G4778	Commercio al dettaglio di altri prodotti (esclusi quelli di seconda mano) in esercizi specializzati

Nota: NACE C è la classificazione statistica delle attività economiche per le industrie al commercio e al dettaglio dell'Union Europea. È una classificazione a quattro cifre che offre un quadro per la raccolta e la presentazione di un'ampia gamma di dati statistici secondo le attività economiche nei campi dell'economia statistica (ad esempio, produzione, occupazione e contabilità nazionale) e in altri domini statistici sviluppati nell'ambito del Sistema Statistico Europeo (ESS). Per maggiori informazioni, è possibile consultate a seguente page web: http://ec.europa.eu/eurostat/statistics-explained/index.php/Main_Page. I "settori" sono stati costruiti per le finalità del presente studio al fine di fondere le categorie merceologiche SA, la NACE C (attività manifatturiere) e la NACE G (commercio all'ingrosso e al dettaglio) in un quadro analitico unificato.

Riferimenti

Censis (2012), *Dimensions, Features and Future information on counterfeiting, Final Report*, http://www.uibm.gov.it/iperico/home/2012_Studio_Fondazione_Censis_EN.pdf.

DGLC-UIBM (2017), *IPERICO database*, Direzione Generale per la Lotta alla Contraffazione – Ufficio Italiano Brevetti e Marchi, Roma, http://www.uibm.gov.it/iperico/home/.

EUIPO (2017), *The European Citizens and Intellectual Property Perception, Awareness and Behaviour*, Ufficio dell'Unione europea per la proprietà intellettuale.

OCSE/EUIPO (2017), *Mapping the Real Routes of Trade in Fake Goods*, OECD Publishing, Parigi, http://dx.doi.org/10.1787/9789264278349-en.

UN Trade Statistics (2017), *Harmonized commodity description and coding systems (HS)*, Nazioni Unite, Ginevra, https://unstats.un.org/unsd/tradekb/Knowledgebase/50018/Harmonized-Commodity-Description-and-Coding-Systems-HS.

ORGANIZZAZIONE PER LA COOPERAZIONE E LO SVILUPPO ECONOMICI

L'OCSE è un forum unico nel suo genere in cui i Governi collaborano per rispondere alle sfide economiche, sociali e ambientali poste dalla globalizzazione. L'OCSE svolge altresì un ruolo di apripista nelle iniziative volte a comprendere i nuovi sviluppi del mondo attuale e le preocuppazioni che ne derivano. L'OCSE aiuta i governi ad affrontare situazioni nuove con l'esame di temi quali il governo societario, l'economia dell'informazione e delle sfide poste dall'invecchiamento demografico. L'Organizzazione offre ai Governi un quadro di riferimento in cui possono raffrontare le loro esperienze in materia di politiche governative, individuare risposte a problemi comuni, identificare le buone pratiche e lavorare per il coordinamento delle politiche nazionali e internazionali.

I Paesi membri dell'OCSE sono: Australia, Austria, Belgio, Canada, Cile, Corea, Danimarca, Finlandia, Francia, Germania, Grecia, Irlanda, Islanda, Israele, Italia, Giappone, Lettonia, Lussemburgo, Messico, Norvegia, Nuova Zelanda, Paesi Bassi, Polonia, Portogallo, Regno Unito, Repubblica Ceca, Repubblica di Lettonia, Repubblica Slovacca, Repubblica di Slovenia, Spagna, Stati Uniti, Svezia, Svizzera, Turchia e Ungheria. L'Unione europea partecipa ai lavori dell'OCSE.

OECD Publishing (Edizioni OCSE) assicura una ampia diffusione ai lavori dell'Organizzazione che comprendono i risultati dell'attività di raccolta dei dati statistici, i lavori di ricerca su argomenti economici, sociali e ambientali, nonché le convenzioni, linee guida e gli standard riconosciuti dai Paesi membri dell'Organizzazione.

OECD PUBLISHING, 2, rue André-Pascal, 75775 PARIS CEDEX 16
(42 2018 29 6 P) ISBN 978-92-64-30264-8 – 2018

www.ingramcontent.com/pod-product-compliance
Lightning Source LLC
LaVergne TN
LVHW081410110826
845149LV00010B/1697

* 9 7 8 9 2 6 4 3 0 2 6 4 8 *